12, AVENUE D'ITALIE. PARIS XIIIe

Sur l'auteur

Ressortissant britannique né en 1948 au Zimbabwe, où il a grandi, Alexander McCall Smith vit aujourd'hui à Édimbourg et exerce les fonctions de professeur de droit appliqué à la médecine. Il est internationalement connu pour avoir créé le personnage de la première femme détective du Botswana, Mma Precious Ramotswe, héroïne d'une série qui compte déjà huit volumes. Quand il n'écrit pas, Alexander McCall Smith s'adonne à la musique – il fait partie de l'« Orchestre épouvantable » – et aux voyages. Il est également l'auteur des aventures d'Isabel Dalhousie, présidente du *Club des philosophes amateurs*, et de *44 Scotland Street*, qui inaugure les « Chroniques d'Édimbourg », un roman-feuilleton relatant les tribulations d'un immeuble peuplé de personnages hauts en couleur.

ALEXANDER McCALL SMITH

LE BON USAGE DES COMPLIMENTS

Traduit de l'anglais
par Martine SKOPAN

10
18

« Grands Détectives »

dirigé par Jean-Claude Zylberstein

ÉDITIONS DES 2 TERRES

Titre original :
The Careful Use Of Compliments

Éditeur original :
Little, Brown, London

ISBN 978-2-264-04403-7

CHAPITRE 1

– Prends cent personnes au hasard…, lança Isabel.

– Cent personnes, répéta Jamie en hochant la tête.

– Sur cent personnes, combien ont vraiment de bonnes intentions ?

Cela ressemblait bien à Isabel, ce genre de questions épineuses qui ne trouvent jamais réellement de réponses. Sa vision optimiste de l'humanité, qui n'était plus de mode, la poussait à répondre quatre-vingt-dix-huit, peut-être même quatre-vingt-dix-neuf. Jamie, plus réaliste, réfléchit un moment avant d'avancer le chiffre de quatre-vingts.

Difficile de se débarrasser rapidement d'une question de ce genre, car elle en entraîne d'autres, plus préoccupantes. S'agit-il simplement de la structure de leur ADN, effet du pur hasard génétique ? Ou bien est-ce la conséquence d'un dérèglement ancien, datant de leur enfance lointaine et jamais corrigé ? À moins, bien sûr, que ce ne soit un choix délibéré.

Aujourd'hui, installée dans une épicerie fine qui faisait aussi salon de thé, elle se souvenait de cette conversation avec Jamie. La table où elle était assise constituait un excellent poste d'observation du spectacle de la rue. Ce type en train de traverser, par exemple, la bouche pincée, l'air impatient, le col boutonné, appartenait-il à la petite minorité des méchants ? Elle trouvait inquiétant ce regard dur : il n'aimait pas attendre, ne se préoccupait pas des autres et semblait souffrir d'une rage rentrée rien qu'en se promenant... Cette pensée la fit sourire. Pourtant cet individu continuait à la perturber : elle devinait une sexualité pathologique, un soupçon de cruauté aussi. Quelque chose qui ne tournait pas rond.

Elle détourna les yeux ; inutile d'attirer l'attention de ce genre de type. Quant à elle, il fallait qu'elle cesse d'échafauder des hypothèses gratuites. Mettre ainsi en scène de parfaits inconnus peut sembler inoffensif, mais engendre toutes sortes de fantasmes et de peurs ridicules. Isabel savait d'ailleurs pertinemment que passer trop de temps à de pareilles conjectures était l'un de ses plus vilains défauts, et ils étaient nombreux.

Une épicerie fine d'Édimbourg n'est sans doute pas l'endroit idéal pour une méditation sur la nature du bien et du mal. En tant que philosophe, Isabel savait que les intuitions philosophiques peuvent naître dans les endroits les plus étranges et aux moments les plus incongrus. Sa nièce Cat était propriétaire du magasin. En plus des tomates séchées, mozzarella, filets d'anchois frais et barres de pâte d'amandes importées d'Autriche, que l'on trouve habituellement dans ce genre d'endroit, les clients pouvaient boire un café à l'une des trois ou quatre petites tables de bistrot à plateau de marbre que Cat avait dénichées dans la haute vallée de la Loire et rapportées en Écosse dans une camionnette de location.

Isabel était justement installée à l'une de ces tables, devant un *cappuccino* fumant, le *Scotsman* du jour ouvert à la page des mots croisés. Eddie, l'employé de Cat, lui avait préparé le café. En raison d'un mystérieux traumatisme subi quelque temps auparavant, ce jeune homme timide avait encore du mal à communiquer avec Isabel, comme avec d'autres. Il avait récemment pris confiance en lui-même, notamment grâce à la fréquentation d'une jeune Australienne qui avait travaillé quelques mois au magasin. Il lui arrivait pourtant de rougir tout à coup et de mettre fin brusquement à une conversation, en détournant la tête et en marmonnant des paroles inaudibles.

– Vous êtes toute seule ? avait demandé Eddie en lui apportant son café. Où est le...

Il n'avait pas terminé sa phrase. Isabel lui avait lancé un sourire encourageant.

– Le bébé ? Il s'appelle Charlie.

Eddie avait hoché la tête en jetant un coup d'œil vers le bureau de Cat, au fond du magasin.

– Charlie, c'est ça. Il a quel âge maintenant ?

– Trois mois, à peu près.

Eddie avait médité l'information.

– Alors il ne parle pas encore ?

Isabel allait sourire, mais elle s'était ravisée. Eddie se décourageait facilement.

– Ils ne parlent pas encore à cet âge-là. Il faut attendre un an. Et après ils ne s'arrêtent plus. Mais il gazouille. C'est un drôle de bruit qui veut dire « je suis parfaitement heureux ». Du moins je crois.

– J'aimerais bien le voir un de ces jours, avait dit Eddie vaguement. Mais je pense que...

Il n'avait pas eu besoin de poursuivre. Isabel avait compris.

– Oui, avait-elle répondu en tournant elle aussi les yeux vers le bureau de Cat. Les choses sont un peu compliquées. Vous devez être au courant.

Un client venait d'entrer dans la boutique et examinait le rayon des hors-d'œuvre. Il fallait qu'Eddie retourne à son travail.

Isabel poussa un soupir. Ce jour-là, elle avait préféré laisser Charlie à sa gouvernante, Grace. Elle le promenait souvent dans Bruntsfield, emmitouflé dans sa poussette, négociant prudemment les trottoirs, fière de sa science de nouvelle maman, presque surprise de se retrouver ainsi, elle, Isabel Dalhousie, avec son propre enfant, un petit garçon. Mais elle n'entrait jamais dans le magasin, sachant bien que Cat avait encore du mal à accepter Charlie.

Cat lui avait finalement pardonné Jamie. Quand elle avait compris que Jamie était l'amant d'Isabel, elle était d'abord restée incrédule.

– Lui ? Mon ex-fiancé ? Toi ?

À la surprise avait succédé la colère, qui s'était manifestée en courtes phrases saccadées :

– Désolée. Je ne peux pas. Je ne peux pas m'y faire. Cette idée.

Puis étaient venues la résignation et enfin la réconciliation. Mais depuis qu'Isabel avait annoncé qu'elle attendait un enfant, il y avait eu régression. Cat semblait aujourd'hui éprouver une rancune mêlée d'embarras.

– Tu désapprouves, avait dit Isabel. C'est clair.

Cat l'avait regardée d'un air qu'Isabel n'avait pas su interpréter.

– Je sais ce que Jamie était pour toi, avait continué Isabel. Seulement c'est toi qui as rompu, souviens-t'en. Cette grossesse n'a pas du tout été planifiée, tu peux me croire. Et puisque je suis enceinte, pourquoi est-ce que je n'aurais pas un enfant, après tout ?

Cat restant silencieuse, Isabel avait compris qu'il s'agissait là d'une indicible, d'une inexprimable envie. C'est l'envie qui nous fait haïr ce que nous désirons le plus, il ne faut pas l'oublier. On hait ce que l'on ne peut pas avoir.

Au moment où Charlie avait déboulé en ce monde, du moins c'était ainsi qu'Isabel l'avait ressenti, dans la lumière éblouissante de la salle de travail de l'hôpital Royal Infirmary, Cat et Isabel avaient déjà renoué des liens. Mais Cat n'avait guère manifesté de chaleur envers le bébé. Elle n'avait pas demandé à le prendre dans ses bras, elle ne l'avait pas embrassé ; c'était pourtant son cousin. Isabel en avait été blessée. Décidant de ne pas faire étalage de Charlie devant sa nièce, elle attendait que le temps fasse son œuvre, que Cat revînt à de meilleurs sentiments.

– On ne peut pas résister longtemps à un bébé, déclarait Grace, pétrie de bon sens populaire et qui d'ailleurs avait souvent raison. Les bébés savent triompher de l'indifférence. C'est une question de temps.

Elle regarda l'heure à sa montre. Il y avait presque deux heures qu'elle avait installé Charlie pour sa sieste ; il allait bientôt se réveiller et il faudrait le nourrir. Même si Grace était tout à fait à la hauteur, Isabel préférait s'en charger elle-même. Elle s'était sentie coupable quand elle avait cessé de l'allaiter, quelques jours après la naissance. La douleur était telle qu'elle redoutait les tétées. Ce n'était pas là le meilleur moyen de forger un lien avec le nouveau-né, qui risquait de souffrir en la sentant tendue, réticente. Elle avait donc opté pour le biberon.

Ne voulant pas quitter le magasin sans échanger quelques mots avec sa nièce, malgré l'état de leurs relations, elle se leva et se dirigea vers la porte du bureau, qui était entrouverte. Derrière le comptoir, Eddie lui lança un coup d'œil, puis détourna les yeux.

– Tu es occupée ?

Cat, un stylo à la main, était en train d'étudier un

catalogue où figurait ce qui semblait être un pot de miel.

– Ça se vend bien, le miel ? demanda Isabel.

La question était banale : bien évidemment, les gens achètent du miel. Mais il lui fallait briser la glace. Cat hocha la tête.

– Mais oui, répondit-elle d'un air distant. Tu en veux ? J'en ai un échantillon quelque part, du miel de bruyère des Borders.

– Grace apprécierait. Elle adore le miel.

Il y eut un silence. Cat gardait les yeux rivés sur la photo. Isabel soupira : cela ne pouvait plus durer. Elle savait très bien que Cat se laisserait finalement fléchir, mais cela prendrait des mois de tensions et de silences.

– Écoute, Cat. On ne peut pas continuer comme ça. Tu refuses tout dialogue.

– Je ne sais pas de quoi tu parles, répondit Cat sans lever les yeux du catalogue.

– Mais si, tu le sais très bien. Selon moi, c'est complètement ridicule. Il faut que tu me pardonnes. Il faut que tu me pardonnes d'avoir eu Charlie. Que tu me pardonnes pour Jamie aussi. Pour tout.

Voilà. Elle en était à demander à sa nièce de l'absoudre, sans bien savoir d'ailleurs pourquoi elle avait besoin d'absolution. Certes, quand il s'agit du pardon des offenses, la réalité des faits importe peu. Ce qui compte, c'est l'impression d'avoir été offensé, ce qui est bien différent.

– Je n'ai rien à pardonner, dit Cat. Tu n'as rien fait de mal, n'est-ce pas ? Tu as eu un bébé, c'est tout. Avec mon…

Elle ne finit pas sa phrase. Isabel était estomaquée.

– Avec ton quoi au juste ? Ton amant ? C'est ça que tu veux dire ?

– Ce n'est pas la peine de nous disputer, dit Cat d'un ton neutre en se levant. Oublions tout ça.

Si ces mots avaient été prononcés avec chaleur, Isabel s'en serait trouvée réconfortée, soulagée aussi. Mais c'était dit sans passion. Ce n'était pas un rapprochement. Cat avait simplement changé de sujet. Elle voulut protester, prendre Cat dans ses bras, la supplier d'arrêter, mais une barrière d'hostilité presque palpable l'en empêchait.

– Tu ne veux pas passer à la maison nous voir un de ces jours ? demanda-t-elle en se dirigeant vers la porte.

Nous voir. Elle commençait à s'habituer à la première personne du pluriel. Ici, dans cette atmosphère, le mot était lourd de significations, une grenade prête à exploser.

Isabel sortit du bureau. Derrière son comptoir Eddie leva la tête et ils échangèrent un regard. Pour quelqu'un dont tout le monde croit qu'il ne comprend rien, il est remarquablement perspicace, se dit Isabel.

– Il hurlait, dit Grace, alors je lui ai donné son biberon. Maintenant il est très calme, regardez.

Elles étaient dans le vestibule et Grace, qui portait Charlie dans ses bras, le passa à Isabel.

– À le voir, on ne peut pas imaginer la puissance qu'il y a dans ces petits poumons.

Elle l'emmena dans son bureau et s'assit dans le fauteuil près de la fenêtre. La présence de Charlie sur son lieu de travail lui paraissait toujours incongrue. Le monde des bébés est fait de couvertures moelleuses et de couleurs douces, loin des papiers, des dossiers et des téléphones. La philosophie qu'Isabel pratiquait comme directrice de la *Revue d'Éthique Appliquée* semblait bien éloignée du monde de l'enfance. Emmanuel Kant savait-il comment on doit tenir un bébé ? C'est fort improbable. Les impératifs biologiques et l'irrationnel qui caractérisent cet âge ne devaient guère être à son goût. Il n'eût pas manqué de souligner que les parents doivent considérer l'enfant comme un être à part entière, et non comme le jouet de leurs désirs. D'après sa vision des choses, quand on a un enfant, c'est pour lui donner la vie, et non pour se faire plaisir. Reconnaître à chaque nouveau-né une valeur intrinsèque ne veut pas dire qu'il aurait su s'y prendre, et distinguer le haut du bas. L'aspect froid et formel de la philosophie est à des années-lumière du quotidien, de ce monde de luttes, de passions incontrôlées, de divergences absurdes et inconciliables. Ayant ainsi établi l'incapacité de Kant à s'occuper d'un bébé, Isabel restait persuadée que David Hume, en revanche, comprenait les enfants, qu'il aimait la compagnie de ces êtres débordant d'émotions qu'ils n'arrivent pas toujours à exprimer, ou alors sous la forme la plus grossière, mais qui n'en sont pas moins dignes d'intérêt. Et ce bon *Davey*, comme on l'appelle, était facile à vivre. Nul doute que les bébés l'auraient adoré.

Heureux de retrouver les bras de sa mère, Charlie semblait vouloir se rendormir. Il cligna des paupières et finit par fermer les yeux. Isabel pouvait rester des heures à le contempler, qu'il soit éveillé ou endormi. Difficile de croire qu'elle ait ainsi, avec l'aide de Jamie bien sûr, engendré ce petit garçon qui était déjà une personne, lancé l'engrenage de toute une existence. C'est presque miraculeux que quelques petites cellules, se multipliant et se différenciant, arrivent à créer un mécanisme capable de pensée et de langage, un centre de conscience autonome.

De la porte, Grace l'observait.

– Vous voulez que je le mette dans son berceau ? Si vous voulez travailler ?

Isabel lui passa le bébé endormi et se dirigea vers son bureau. La naissance de Charlie n'avait pas eu d'incidence sur la *Revue d'Éthique Appliquée.* Bien déterminée à prendre de l'avance, Isabel avait préparé deux numéros spéciaux pendant sa grossesse. Le premier était consacré au particularisme moral dans l'œuvre d'Iris Murdoch, les « dilemmes moraux des intellectuels d'Oxford », comme disait Jamie ; le second à la moralité des contrôles aux frontières. Le numéro consacré à Iris Murdoch était parti à l'impression peu après la naissance de Charlie. L'autre allait paraître dans un mois ou deux. Le sujet, particulièrement épineux, lui avait causé quelques soucis. Personne ne conteste qu'un pays ait le droit de protéger ses frontières. Mais toute tentative de stopper l'immigration est taxée de manque de générosité et suscite une immense hostilité. Elle avait cité dans son éditorial un poème d'Auden sur ce sujet précis, écrit du point de vue d'un réfugié confronté aux discours haineux de ses persécuteurs, dans lequel l'homme adresse à sa femme cette phrase si pénétrante : « C'est de toi et moi qu'ils parlent, ma chérie. » « Toi et moi ». Au bout du compte, toute exclusion, toute forme de nettoyage ethnique, toute manifestation de cruauté butent sur ce « toi et moi ».

Ce texte avait été écrit dans une période de fascisme triomphant. Les dirigeants des états modernes ne se conduisent pas ainsi. Quand ils doivent prendre des décisions difficiles, c'est dans un contexte où les droits de l'homme sont protégés, où la transparence règne. Tout le monde ne peut pas aller vivre aux États-Unis, au Canada, en Australie, ou toute autre destination aussi populaire. À l'évidence, il arrive un moment où les autochtones ont le droit de déclarer que les ressources du pays ne sont pas inépuisables, que leur société ne peut absorber davantage d'étrangers, que même s'ils ont suffisamment de place pour tout le monde, il est légitime qu'ils préservent leur culture d'origine en contrôlant les flux d'immigration. On imagine les arguments : nous vivons ici, nous sommes chez nous, c'est à nous de décider qui nous allons inviter. À ce point de la discussion, il se trouve en général quelqu'un pour contre-attaquer : les natifs eux-mêmes, ou leurs ancêtres, ont probablement volé cette terre à d'autres et sont assez mal placés pour chasser ceux qui voudraient s'y installer. Il y a bien peu d'arguments historiques solides qui étayent ce jugement. En fin de compte, si l'on remonte assez loin dans le temps, tout le monde vient d'ailleurs. Les peuples prétendument autochtones ne le sont pas vraiment ; arrivant par mer d'une autre île, ou bien empruntant un passage terrestre depuis longtemps disparu.

Isabel trouvait ce problème extrêmement difficile ; elle avait d'ailleurs remarqué que la plupart des gens évitent purement et simplement le sujet, ou ne l'abordent pas franchement. Soit c'est le cœur qui dicte sa loi, et l'on voudrait faire de son mieux pour aider ceux qui le désirent à commencer une vie nouvelle. Soit c'est la raison qui parle, et l'on voit qu'il est impossible matériellement d'autoriser la libre circulation des peuples. On se rabat alors sur les passeports, les quotas, les restrictions, qui ont tous un caractère dissuasif. Le message est clair : *Ne cherchez pas à venir, ne demandez rien*.

Elle regarda autour d'elle. Son bureau, sa table de travail, ses livres, elle ne les garderait pas jusqu'à la fin des temps. Ils changeraient de propriétaire. Une autre personne s'installerait à sa place, ignorant jusqu'à son existence. Quelle ne serait pas la surprise du nouvel occupant des lieux si, par une opération surnaturelle, Isabel parvenait à remonter le temps et réapparaissait devant lui pour réclamer son bureau et reprendre sa place ! La possession des biens matériels est éphémère : nous nous évertuons à imprimer notre marque sur notre environnement, à donner des noms familiers aux éléments du paysage, à nous ériger des statues, et pourtant tout est balayé si vite, si facilement. Au moment même où nous croyons que le monde nous appartient pour toujours, nous ne sommes jamais que des squatters.

Toujours plongée dans ses pensées, Isabel considérait le courrier non encore ouvert des deux derniers jours, soigneusement empilé sur un plateau rouge. Il s'agissait surtout de manuscrits. Isabel exigeait une version papier des articles qu'on lui proposait car elle détestait lire à l'écran. Chaque mois, par vagues successives, elle recevait une masse de documents qui venaient échouer çà et là dans le bureau. Après une semaine ou deux, le flot était canalisé et les manuscrits finissaient dans des sacs-poubelles destinés au recyclage. Les manuscrits qu'elle rejetait parce qu'elle les jugeait indignes de passer devant le comité de rédaction étaient souvent l'œuvre de thésards, cherchant par tous les moyens à être publiés. Isabel exprimait son refus avec beaucoup de délicatesse, en leur souhaitant de trouver bientôt un éditeur. Elle savait bien que c'était peu probable, dans la mesure où la *Revue* était sans doute leur cinquième ou sixième tentative. Mais elle ne pouvait se résoudre à être brutale ; elle n'avait pas oublié qu'elle aussi avait subi les mêmes affres.

Elle ouvrit l'enveloppe qui se trouvait sur le dessus de la pile :

> Chère Miss Dalhousie,
> Je pense que le manuscrit ci-joint trouverait sa place dans la *Revue d'éthique appliquée*, et je vous serais reconnaissant de bien vouloir le lire. Il s'intitule « Le concept de perversion sexuelle comme outil de répression ». Il s'agit d'une analyse de quelques-unes des idées développées par Scruton dans son ouvrage *Sexual Desire*. Comme vous le savez, le concept de perversion fait l'objet en ce moment d'une réévaluation critique...

Elle reposa la lettre en soupirant. De nombreux manuscrits traitaient de ce sujet. D'ailleurs, pour certains philosophes, l'éthique appliquée semblait se résumer presque exclusivement à la sexualité. Si ces articles étaient souvent intéressants, il arrivait qu'ils soient ouvertement scatologiques : devrait-elle mettre des gants avant de les lire ? L'idée était absurde, mais cela l'amusait d'imaginer les responsables de publications manipulant ce genre de documents protégés par des gants, comme s'ils avaient peur d'être contaminés, souillés par un sujet aussi scabreux.

Elle avait reçu, quelques jours plus tôt, un article intitulé « Se faire passer pour homosexuel : considérations éthiques ». L'auteur avait manifestement voulu la surprendre par ce titre. Il affirmait que c'est en général la question inverse, à savoir cacher son homosexualité, qui vient d'abord à l'esprit, comme s'il y avait quelque chose de honteux à cela. La problématique conventionnelle contribue ainsi à la marginalisation des homosexuels. Contrairement à l'idée reçue, certains individus peuvent avoir envie de se faire passer pour homosexuels, ce qu'il ne faut pas oublier quand on s'intéresse à ces problèmes d'image, celle que l'on veut donner de soi-même et celle qui est perçue par les autres.

Elle sourit en repensant à cet article qu'elle avait envoyé aux membres du comité de rédaction pour avis. Même s'ils n'appréciaient pas vraiment le contenu, Isabel pensait qu'ils en recommanderaient la publication. L'un d'eux avait déjà écrit en ce sens : « Voilà exactement le genre d'articles que nous devrions encourager. Nous devons prouver au monde que notre approche n'est pas aussi dépassée que certains le pensent. » Ce commentaire émanait de Christopher Dove, professeur de philosophie dans une petite université anglaise, connu pour ses positions radicales. L'accusation visait Isabel, qu'il trouvait démodée. Elle avait répondu avec habileté, en le remerciant chaudement de son soutien. Elle avait même ajouté qu'elle n'était pas certaine que ses collègues fussent prêts à accepter de pareils sujets, et qu'elle était heureuse de voir qu'il n'en était rien.

Le pli suivant était une grosse enveloppe marron, sans doute un catalogue. En effet, c'était le programme des ventes des commissaires-priseurs Lyon & Turnbull, ayant pignon sur rue à Édimbourg, qu'elle recevait parce qu'elle leur avait acheté dans le passé plusieurs objets. On annonçait une vente de « beaux meubles anciens » et de tableaux. La maison d'Isabel était déjà très encombrée, elle n'avait vraiment besoin ni des uns ni des autres. Mais elle ne pouvait résister aux catalogues de ventes, même quand elle ne voulait rien acheter.

Elle tourna rapidement les pages, s'arrêtant à un escabeau de bibliothèque en acajou, avec des décorations de bronze. L'estimation semblait, hélas, très élevée, et elle passa aux tableaux. Son attention fut attirée par le numéro 87, représentant un homme debout sur la grève, sur fond de montagne devant une pile de casiers à homards. C'était un paysage typique de l'ouest des Highlands, rochers de granit gris affleurant à la surface de la mince couche de terre, vert intense de l'herbe, douce lumière changeante. Le visage de l'homme, buriné par les éléments, le confirmait. La légende disait : « Andrew McInnes, Écossais, né en 1958. *Les Fruits de la Mer.* » Dessous, en plus petits caractères, le commissaire-priseur avait ajouté : « McInnes est sans doute le plus talentueux des anciens élèves de l'école des beaux-arts d'Édimbourg, à l'époque où Robin Philipson en était encore le directeur. Il acquit rapidement une solide réputation, que reflète la cote des tableaux réalisés juste avant sa mort. »

Isabel étudia le tableau attentivement, attirée par l'expression qui se lisait sur le visage de l'homme, celle de quelqu'un qui a connu des épreuves mais qui les a surmontées. Il y avait aussi une bonté, une douceur parfois absentes chez ceux qui doivent tirer leur subsistance d'un environnement hostile, la mer, une île balayée par les vents.

Elle prit le téléphone et composa le numéro de Jamie. La sonnerie retentit longtemps à l'autre bout ; Isabel allait raccrocher quand elle l'entendit soudain. Il était hors d'haleine.

– Tu as monté les escaliers en courant, dit-elle. Tu veux que je te rappelle plus tard ?

– Non, ça va. J'ai entendu le téléphone dans l'escalier, mais je n'arrivais pas à mettre ma clé dans la serrure, je ne sais pas pourquoi. Ça va maintenant.

Isabel regarda sa montre. Onze heures trente. Elle pouvait mettre Charlie dans le porte-bébé et l'emmener avec elle ; il dormait facilement ainsi installé, parce qu'il entendait les battements de son cœur. Peut-être avait-il la nostalgie d'une existence plus simple dont il ne lui restait qu'un vague souvenir.

– Tu veux déjeuner avec ton fils ?

– Bien sûr, répondit Jamie immédiatement.

Elle connaissait d'avance sa réponse, et cela lui procurait beaucoup de satisfaction. Il aimait Charlie et elle n'en demandait pas plus. Elle n'était pas sûre des sentiments de Jamie envers elle, mais au fond peu lui importait. C'était son amour pour Charlie qui comptait.

– Avant on pourrait passer chez Lyon & Turnbull, suggéra Isabel. Il y a quelque chose qui m'intéresse.

– Je te retrouve là-bas, dit Jamie.

Elle reposa le téléphone en souriant. J'ai beaucoup de chance, se dit-elle. J'ai un enfant, et mon amant est le père de cet enfant. J'ai une grande maison et un emploi qui me permet de faire de la philosophie. Je suis heureuse.

Elle contempla le jardin par la fenêtre. La profusion estivale des arbustes projetait de grandes ombres sur le sol. Un fuchsia chargé de fleurs rouges et violettes, un rhododendron apprécié par les oiseaux. En atterrissant sur le feuillage, ils faisaient ployer presque imperceptiblement les branches supérieures sous leur poids minuscule. Les branches inférieures bougèrent soudain, pour une autre raison. Et en plus, se murmura-t-elle, j'ai un renard qui veille sur moi.

CHAPITRE 2

– Alors ? demanda Jamie. Lequel est-ce ?

Il avait l'air un peu distrait, et ce pour une bonne raison : il portait Charlie dans ses bras, et celui-ci ne le quittait pas des yeux.

– Là-bas, dit Isabel en indiquant l'autre extrémité de la pièce. J'ai déjà jeté un coup d'œil.

Jamie l'écoutait à peine. Il avait installé le porte-bébé sur sa poitrine et chatouillait doucement Charlie sous le menton.

– Il aime ça, regarde, ça le fait loucher.

– Il est content de te voir, dit Isabel en souriant avec indulgence. Du moins, s'il arrive déjà à voir distinctement. Je n'en suis pas sûre. Je suppose que oui, mais les couleurs sont encore confuses à cet âge.

– Je suis sûr qu'il me reconnaît, assura Jamie sur un ton faussement batailleur. Il sait pertinemment qui je suis. S'il pouvait parler, il dirait « papa ».

Isabel prit Jamie par le bras et le guida doucement à

travers la pièce, jusqu'à un grand tableau au cadre doré.

– Qu'est-ce que tu penses de ça ?

Jamie examina le tableau pendant qu'Isabel l'observait.

– J'aime assez. Regarde l'expression du visage.

– Oui, répondit Isabel. Ça en dit long.

Jamie dut détourner les yeux : Charlie avait saisi un doigt de sa main droite et essayait de le porter à sa bouche.

– Non, non, protesta Jamie. Ce n'est pas hygiénique.

– Avec les bébés rien n'est hygiénique, dit Isabel. Regarde ici, ajouta-t-elle en indiquant le coin en haut à droite. Il a vraiment bien rendu la lumière de la côte ouest.

– Les Hébrides intérieures ? Skye ? suggéra Jamie, en se penchant pour scruter le tableau.

– Plutôt Jura, répondit Isabel. Il y a vécu quelque temps. Les paysages de Jura sont devenus en quelque sorte sa marque de fabrique, comme Iona et Mull pour Samuel Peploe.

– Mais de qui parles-tu ?

– Andrew McInnes, dit Isabel en lui passant le catalogue. Il y a une description ici. Lis.

Jamie lut les quelques lignes, puis rendit le catalogue à Isabel d'un air interrogateur. Ses yeux, comme emplis de lumière, brillaient d'intelligence ; elle le trouvait irrésistible.

– Je suis désolée, dit-elle en touchant doucement le bébé, qui la dévisageait. Tu dois te demander de quoi je parle. Tu te rappelles le tableau qui est accroché chez moi dans l'escalier, à mi-hauteur ? Sur le palier… C'est du même artiste, Andrew McInnes. Une œuvre de jeunesse. C'est mon père qui l'avait achetée.

– Vaguement, répondit Jamie sur un ton hésitant, l'air songeur. À gauche en montant ?

– Oui, c'est ça.

– Je ne l'ai pas observé de près. C'est un de ces tableaux qu'on ne remarque pas.

– Évidemment, il est beaucoup plus petit que celui-là, expliqua Isabel en faisant un geste vers le tableau. À peu près le quart. Mais c'est le même sujet. Quasiment identique. L'homme, les montagnes. Les casiers à homards. Tout.

– Les artistes peignent toujours la même chose, dit Jamie en haussant les épaules. Les mêmes modèles. Les mêmes scènes. Les peintres aiment vraiment leurs habitudes.

Effectivement, c'est un phénomène courant, surtout avec des toiles de tailles différentes. Le petit tableau qu'elle possédait était le produit d'une vision récurrente de l'artiste, ce qui n'avait rien d'exceptionnel. Ce qu'elle voulait, même si ce n'était pas raisonnable, c'était que Jamie l'encourage à faire une offre pour le grand modèle.

– C'est à toi de décider, dit Jamie. Mais regarde l'estimation. Vingt-cinq mille ! C'est un peu beaucoup, non ?

– Ils savent ce qu'ils font. Il est très coté, et ses tableaux coûtent cher.

– Quand même, protesta Jamie. Vingt-cinq mille livres !

Il essaya de se rappeler combien il gagnait par an comme professeur de basson à temps partiel et concertiste occasionnel : pas beaucoup plus, peut-être même moins. Il y avait le petit héritage que lui avait légué sa tante, ainsi que son appartement, qui lui venait aussi d'elle. Cependant, comme tout le monde, il devait faire attention. Tout en sachant qu'Isabel était à l'aise, l'idée de dépenser vingt-cinq mille livres pour un tableau lui paraissait extravagante. Certes, il y avait des gens prêts à payer ce prix et même bien davantage, mais pas parmi ses connaissances, là était la différence. Il la regarda subrepticement, comme s'il la voyait pour la première fois. Elle n'avait pas l'air riche, n'affichait aucune trace de cette assurance qui agace tant chez les gens fortunés, parce qu'ils disposent d'un certain pouvoir et considèrent que tout leur est dû. Il l'avait constaté chez les parents de certains de ses élèves. Ceux-ci venaient souvent de familles aisées, pour la bonne raison que le basson est un instrument coûteux, hors de portée de bien des parents. La plupart n'affichaient aucune ostentation, mais quelques-uns se montraient condescendants, arrogants, s'attendant à ce que tout pliât devant leurs désirs. Les mères qui avaient les moyens de rouler en 4 × 4 étaient les pires.

Qu'avaient-elles besoin de ces monstres goulus dans leur existence urbaine ? Était-ce le plaisir de dépasser les voitures plus petites, ou bien la volonté de clamer haut et fort leur supériorité ?

L'une de ces mères s'intéressait à lui. Il l'avait remarqué car elle ne s'en cachait pas : elle venait chercher son fils avant l'heure, alors que le gamin pouvait très bien la retrouver en bas dans la rue, comme les autres. Elle, au contraire, montait, sonnait à la porte et attendait la fin de la leçon dans la cuisine. Elle engageait alors la conversation, le criblait de questions sur les progrès de son fils, qui restait dans l'entrée, manifestement gêné et pressé de partir.

Elle se tenait tout près de Jamie en lui parlant, envahissait son espace, enfreignant ainsi, de façon déconcertante, les règles tacites de la communication. Il avait beau se reculer, elle le suivait, s'approchant de plus en plus près. Il regardait du côté de son élève comme pour l'appeler à l'aide, mais celui-ci détournait les yeux, encore plus gêné par cette complicité entre eux.

Le fait que Jamie gardât ses distances ne faisait que l'encourager ; un jour, elle l'avait invité à boire un café après le cours. Il avait refusé, prétextant une autre leçon. De toute façon, avait-il ajouté, « ce ne serait pas une bonne idée ». D'un air taquin et, comme si elle avait oublié la présence de son fils dans la pièce voisine, elle avait lancé :

– Ce n'est peut-être pas une bonne idée, mais c'est toujours agréable.

Sur ce, il lui avait demandé de ne plus monter chercher son fils, de l'attendre en bas.

– Pour qui vous prenez-vous ? avait-elle sifflé, furieuse.

– Pour le professeur de basson de votre fils.

– L'ex-professeur, vous voulez dire.

Elle avait retiré son fils du cour. L'épisode avait beaucoup fait rire Isabel.

– Je la vois d'ici, je l'imagine très bien disant ça.

– Mais je ne t'ai même pas dit de qui il s'agit !

– Je sais qui c'est. Souviens-toi qu'à Édimbourg tout finit par se savoir. J'ai deviné.

Elle lui avait dit le nom, et il s'était rendu compte avec stupeur qu'elle avait effectivement vu juste.

– Trop d'argent, avait continué Isabel. Elle ne sait pas quoi en faire. Elle croit qu'elle peut acheter des cours de basson et le professeur par-dessus le marché.

Bien sûr, Isabel était bien différente. Mais Jamie se sentait mal à l'aise à l'idée que l'on pût dépenser vingt-cinq mille livres pour un tableau.

– Tu crois que ce n'est pas trop ? Bien sûr, poursuivit-il immédiatement en répondant à la question, si tu as les moyens, c'est ton affaire.

Isabel décela une note de désapprobation qu'elle n'avait pas anticipée. Ils n'avaient jamais parlé d'argent ensemble, la question ne s'étant jamais posée. S'il y avait effectivement un gouffre entre leurs situations financières respectives, cela lui semblait sans importance. Isabel ne jugeait jamais les gens sur leur fortune, car cela ne comptait pas pour elle. Qu'il n'en allât pas de même pour Jamie était bien compréhensible. Malgré tout le tact du monde, l'argent donne du pouvoir sur les autres, il permet d'attirer leur attention, de leur demander des services.

– Je peux me le permettre, dit-elle doucement, si j'en ai envie. Mais le problème, c'est que je me sens un peu coupable. Et toi, tu ne m'aides pas beaucoup.

– Moi ? dit-il en fronçant les sourcils. Je ne comprends pas.

– Tu désapprouves, c'est visible.

La surprise de Jamie n'était pas feinte.

– Au nom de quoi est-ce que je désapprouverais ? C'est ton argent. Ce que tu en fais...

Elle reprit la phrase au vol.

– C'est mon affaire ? Si seulement ! Mais ce n'est pas vrai. Tout le monde surveille ce que les autres font de leur argent. De près.

– Pas moi en tout cas, dit Jamie en haussant les épaules. Si tu crois ça, tu te trompes complètement.

Isabel lut sur son visage qu'elle s'était fourvoyée. Il disait vrai, il n'y avait en lui aucune jalousie ; il s'en moquait.

– Ne nous disputons pas, surtout devant Charlie.

– Tu as raison, dit-il en souriant.

Mais la discussion, en faisant glisser leur relation sur le terrain financier, lui laissait une certaine amertume. En quittant la salle des ventes, Charlie de nouveau sur la poitrine de sa mère, Jamie réfléchissait. Un autre sujet le perturbait, qu'il faudrait bien aborder tôt ou tard : qui devait subvenir aux besoins de Charlie ? Pris dans l'excitation de la grossesse et de l'accouchement, il n'y avait pas pensé, mais depuis quelques jours il avait pris conscience qu'il y aurait des dépenses. Il avait lu dans le journal un article sur le coût d'un enfant jusqu'à ce qu'il soit indépendant. Le chiffre lui avait semblé exorbitant : des dizaines, des vingtaines de milliers de livres pour le nourrir, l'habiller et l'éduquer. Quant à l'âge où l'on devient indépendant, il reculait sans cesse. Il était courant de vivre encore chez ses parents, et à leurs crochets, à vingt-cinq ans. L'article citait le cas d'une femme de trente-deux ans, encore à l'université, toujours à la charge de son père. Charlie coûterait-il aussi cher ? Serait-il en mesure d'assumer sa part ?

Ils avaient prévu d'aller déjeuner au restaurant de la National Portrait Gallery, dans Queen Street, tout près de la salle des ventes. Bien que l'on fût en juin, un vent froid soufflait, un vent d'est venant de la mer du Nord. Isabel leva les yeux vers le ciel dégagé où filaient très haut quelques nuages en minces lambeaux blancs. Une rafale s'était engouffrée dans Broughton Street, et son pull-over fin ne la protégeait guère.

– Regarde ce ciel, dit-elle en frissonnant. Regarde tout là-haut.

Jamie contempla le bleu du ciel : au-dessus des nuages, presque à la frontière de l'espace, une traînée blanche courait vers l'ouest, l'Amérique ou le Canada.

Il pensa à tous ces gens installés dans un petit tube brillant suspendu en l'air, défiant la pesanteur, dans ce vide glacial.

– À quoi penses-tu quand tu vois ces avions ? demanda-t-il à Isabel en indiquant le reflet de métal brillant et son sillage laineux.

– Confiance, dit Isabel en levant les yeux. Je pense à la confiance.

– Pourquoi ? demanda d'abord Jamie, perplexe.

Puis il sourit. Il connaissait la réponse ; Isabel avait raison.

Ils tournèrent dans Queen Street. De l'autre côté, à quelques dizaines de mètres, se dressait la Portrait Gallery, ambitieux édifice en grès rose de style néo-gothique. En dépit de ce qu'elle appelait son « style calédonien », hérissé de pointes, Isabel aimait ce musée. Le restaurant à l'ancienne, bien caché, était prisé de tous ceux qui voulaient s'installer à une table pour quatre, sur des chaises à haut dossier, qui n'auraient pas déparé une salle à manger bourgeoise. Isabel aimait son côté accueillant et ses murs décorés du trop-plein de tableaux du musée.

– J'aime bien venir ici, dit Jamie en s'installant. Quand j'étais petit, on m'y amenait souvent pour voir les portraits des rois et reines d'Écosse. C'est Macbeth qui m'intéressait, mais naturellement personne ne sait à quoi il ressemblait.

– Un roi calomnié, dit Isabel en desserrant le porte-bébé. Shakespeare l'a représenté en roi faible, en assassin, alors qu'il a bien gouverné ; l'Écosse a prospéré sous son règne.

– Le problème, c'était *elle*, lança Jamie.

Isabel n'en était pas aussi sûre. C'est facile d'accuser les femmes. Elle devait bien admettre, cependant, que certaines méritent bien leur sort. Elle cita Elena Ceausescu.

– Elle a été fusillée, je crois ? demanda Jamie.

– Hélas, oui. Personne ne mérite ce traitement, même pas le tyran le plus ignoble ou sa femme. On dit qu'elle a supplié qu'on la laisse vivre, et son mari, drapé dans son long manteau d'hiver, devant ces jeunes soldats, a tenté d'expliquer qu'il ne fallait pas l'exécuter parce que c'était une scientifique de renom. Il avait eu une belle fin, malgré tout.

Ils restèrent silencieux. La Roumanie et ses pelotons d'exécution semblaient bien loin de l'atmosphère de la Portrait Gallery. Jamie regarda Charlie. Comment concilier l'innocence de cet enfant avec la méchanceté, la cruauté du monde ?

– Un autre portrait que j'aime bien, c'est celui de George IV, dit-il en revenant au sujet. Depuis que je sais que l'artiste l'a représenté entrant à Édimbourg en kilt, mais sans les bas roses qu'il portait, paraît-il, à son arrivée.

Isabel se mit à rire.

– C'est tout à fait comme ces tableaux de l'ère soviétique. J'en ai vu un à la Galerie Trétiakov il y a des années. C'était un portrait de groupe, le Politburo ou quelque chose comme ça. Ceux qui avaient été discrédités par le régime étaient remplacés par de grands bouquets de fleurs. Mais on voyait bien aux contours de la peinture que la toile avait été trafiquée. C'est toujours mauvais signe quand on voit apparaître des compositions florales dans les photographies officielles.

Jamie la regarda d'un air perplexe. Il ne savait pas toujours comment interpréter ce genre de remarques de la part d'Isabel. C'était sa « tendance Dorothy Parker », comme il disait.

– Mais je n'ai aucune tendance, protestait Isabel.

– Tu vois bien.

Voilà maintenant qu'elle parlait de compositions florales.

– Des compositions florales ?

– Tu n'as qu'à observer les prestations des présidents ou des Premiers ministres à la télévision. Les retors, les menteurs, les dissimulateurs choisissent toujours de remplir le cadre de grands bouquets. Pour moi, c'est l'indice qu'il faut se méfier. Les drapeaux, les fleurs, tous ces accessoires sont une mise en scène. Et il y a aussi les soldats. Se faire photographier en train de discuter avec les troupes, ça rapporte beaucoup de voix.

La serveuse vint prendre leur commande. Jamie avança le bras sur la table pour caresser Charlie.

– Il est si petit. On dirait une poupée.

Isabel sourit et effleura la main de Jamie ; il lui serra brièvement les doigts.

– Merci, dit-elle doucement.

– Merci pour quoi ?

– De ne pas m'avoir abandonnée.

– Mais pourquoi voudrais-tu que je t'abandonne ? protesta Jamie.

Elle indiqua Charlie d'un signe de tête.

– Tous les hommes ne restent pas. Tu aurais pu préférer ta liberté.

Il la dévisagea, irrité. Était-ce là l'opinion qu'elle avait de lui ? Il sentit monter la colère, ce qu'Isabel, qui ne le quittait pas des yeux, nota tout de suite.

– Pardonne-moi, dit-elle. Je ne voulais pas t'offenser. C'est juste que… enfin, tu es plus jeune que moi. Tu as besoin d'être libre, sans contraintes.

Jamie avala sa salive et jeta un coup d'œil autour de lui. Le restaurant était plein, comme toujours à l'heure du déjeuner. Dans le brouhaha général, personne ne pourrait entendre leur conversation.

– Tu ne pensais tout de même pas que j'allais disparaître ? Je te l'ai dit dès le début. Je te l'ai dit quand Charlie est né. J'étais là, non ?

– Bien sûr, fit Isabel sur un ton conciliant. Pardonne-moi, je t'en prie, pardonne-moi.

Elle se dit qu'elle était en train de tout gâcher. Comme avec Cat, elle gâchait tout parce qu'elle éprouvait le besoin de dire des choses qu'il valait mieux taire.

Jamie, les yeux baissés sur la nappe, traçait des dessins imaginaires avec un doigt. Il releva la tête en rougissant.

– Jamie, je t'en prie.

– Non, lança-t-il en secouant la tête. Il y a quelque chose que je voudrais te dire, et j'aurais dû le faire depuis longtemps. C'est le moment.

Elle retint son souffle. Elle avait toujours su que cela ne durerait pas. Elle allait être confrontée à son angoisse la plus profonde. Elle l'avait eu, maintenant elle allait le perdre ; c'était inévitable.

– Isabel, je voudrais t'épouser. Je crois que nous devrions nous marier.

Elle crut un moment l'avoir mal entendu ; il répéta son offre. Elle était surprise, sans l'être. Depuis qu'elle avait annoncé qu'elle était enceinte, elle avait imaginé qu'il allait lui poser la question. Incapable de chasser cette hypothèse de son esprit, elle avait eu le temps de réfléchir au meilleur parti à prendre. Le moment venu, elle hésitait. Que se passerait-il si elle disait oui sur-le-champ ?

– Ce n'est guère l'endroit pour faire ce genre de proposition, Jamie, dit-elle enfin en indiquant la foule autour d'eux.

– Je suis désolé, répondit Jamie, rougissant à nouveau. Mais c'est toi qui as évoqué le sujet. Il fallait bien que je réagisse.

– Je comprends, fit-elle sur un ton rassurant.

– Alors ?

– C'est très gentil à toi. Mais je crois vraiment qu'il vaut mieux attendre. Attendons un peu pour voir comment tournent les choses. C'est plus raisonnable, tu sais.

Il resta silencieux une minute ou deux. Elle imagina sa lutte intérieure. S'il avait fait cette proposition sérieusement, il reviendrait à la charge. Par contre, s'il n'était motivé que par sa conscience, il serait soulagé.

– D'accord, finit-il par dire. Attendons.

Se relâchant soudain, elle se rendit compte à quel point elle avait été tendue. Elle savait qu'elle faisait preuve de sagesse ; il aurait été irresponsable de sa part d'épouser Jamie. Et pourtant elle était un peu triste qu'il eût aussi facilement accepté sa suggestion. C'est le prix que paie le philosophe : la voie du devoir lui apparaît clairement, alors que c'est si souvent le chemin opposé qu'il aurait envie de prendre.

CHAPITRE 3

Lorsque Grace arriva le lendemain matin, Isabel avait donné son bain et son biberon à Charlie. Devant la fenêtre du salon, elle l'encourageait à regarder le jardin. Elle ne savait pas ce qu'il voyait au juste, mais elle était sûre que cela l'intéressait : il semblait fixer une des fleurs du massif de rhododendrons. Tandis qu'elle le berçait doucement dans ses bras, elle aperçut Grace qui remontait l'allée et qui ne l'avait pas vue. Un journal sous le bras, elle portait le cabas de toile blanche qui ne la quittait jamais. Il pendait souvent vide et flasque à son bras. Parfois il cachait des formes étranges qui intriguaient Isabel. Elle aurait aimé lui poser des questions. Elle savait du moins qu'il y avait toujours un livre dans le sac, car Grace adorait lire. Pendant la sacro-sainte heure du déjeuner, elle restait dans la cuisine, plongée dans un roman emprunté à la bibliothèque, laissant son thé refroidir dans la tasse.

Avec l'arrivée de Charlie, les tâches de Grace avaient été tacitement redéfinies. Grace pensait qu'Isabel avait besoin d'aide pour le bébé et que cela avait priorité sur les travaux plus routiniers du ménage et du repassage.

– Je m'en occuperai pendant votre travail et si vous voulez sortir, avait-elle annoncé sur un ton qui n'admettait pas de réplique. J'aime les bébés. Donc aucun problème.

Cet arrangement convenait tout à fait à Isabel, qui, de toute façon, aurait hésité à contrecarrer les vues de Grace. Même si Isabel était en principe sa patronne, Grace considérait qu'elle continuait à travailler pour le père de celle-ci, mort depuis longtemps et dont elle s'était occupée toute sa vie. En fait, elle se jugeait au service de la maison elle-même. Si bien que sa loyauté, au-delà d'Isabel, allait à une autorité suprême et distincte d'où émanaient les décisions.

Concrètement, cela voulait dire que Grace décrétait de temps en temps la nécessité de telle ou telle action, « dans l'intérêt de la maison », expression curieuse qu'aurait pu employer le personnel d'un casino ou d'une banque d'affaires à l'ancienne. Cet étrange arrangement fonctionnait pourtant très bien. Isabel appréciait que les relations avec Grace fussent maintenant sur un pied d'égalité et donc plus faciles. Elle n'aimait pas ce que le statut d'employeur implique d'autorité et de pouvoir. Puisque Grace se considérait au service de cette vague entité métaphysique qu'elle appelait « la maison », cela permettait à Isabel de la traiter comme une amie et une collègue, ce qui correspondait mieux à sa vision des choses.

Certes, elles n'avaient pas la même situation, et aucune formule habile ne pouvait dissimuler cette réalité. Isabel avait bénéficié de tous les privilèges, éducation, argent, voyages, et surtout la liberté de ne pas avoir à travailler. Grace, elle, venait d'une famille désargentée et n'avait jamais eu de temps à elle. Avec, en plus, la crainte de se retrouver sans emploi et de perdre la petite sécurité financière dont elle jouissait grâce à son travail.

Grace alla à la cuisine, posa son cabas sur une chaise et se rendit dans le petit salon.

– Je suis ici, appela Isabel. Dans le bureau.

Grace entra et fit un large sourire à Charlie.

– Il a l'air bien éveillé et de bonne humeur, dit-elle en chatouillant le menton du bébé, qui se mit à sourire et à agiter les mains.

– Je crois qu'il veut aller dans vos bras, dit Isabel.

– Mais bien sûr, il veut venir dans mes bras, dit Grace en prenant le bébé des mains d'Isabel.

Plus que les mots eux-mêmes, pensa Isabel, c'était plutôt le ton de la voix. Grace voulait-elle dire que Charlie préférait naturellement être dans ses bras que dans ceux de sa mère ? C'était bien le sens, même si Grace n'avait pas eu l'intention de le formuler ainsi.

– Il m'aime bien aussi, vous savez, dit Isabel doucement.

– Mais évidemment, fit Grace, l'air surpris. Vous êtes sa mère, tous les petits garçons aiment leur maman.

– Non, ce n'est pas vrai, répondit Isabel. Certaines mères étouffent affectivement leurs enfants. Elles ne le font pas exprès, mais c'est pareil.

Elle tourna la tête vers le jardin, se souvenant d'un cousin dont la mère, ambitieuse, l'avait tant harcelé qu'il avait fini par couper les ponts et la voyait le moins possible. Il y avait mis beaucoup de civilité, mais on ne pouvait s'y tromper : sa raideur, sa politesse froide, la façon qu'il avait de détourner les yeux dès qu'elle lui parlait. L'aimait-il, malgré tout ? À son enterrement, il avait beaucoup pleuré, discrètement. Isabel, assise derrière lui à l'église, lui avait posé la main sur l'épaule et essayé de le réconforter par quelques mots. Voilà ce qui se passe si on attend trop, se disait Isabel : c'est au bord de la tombe que l'on doit apprendre cette salutaire leçon.

– Les mères ont toujours de bonnes intentions, reprit Grace. Tant qu'elles n'essaient pas de choisir une femme pour leur fils. Ça, c'est une erreur.

Charlie fit un sourire à Grace. Je suis comblée, se dit Isabel. Je suis si comblée que je peux bien partager Charlie.

Grace se tourna vers elle. Son visage, comme transformé par la proximité du bébé, trahissait quelque chose qui ressemblait à de l'orgueil.

– Si vous voulez travailler, je peux m'occuper de

Charlie, dit-elle en jetant un regard significatif sur le bureau couvert de papiers. Il n'y a pas grand-chose à faire dans la maison.

Isabel se sentit déchirée. Elle entendait bien être la seule à décider si elle travaillait ou si elle restait tranquillement avec Charlie. Mais son sens des responsabilités lui rappelait qu'elle devait poursuivre le courrier commencé la veille, puis abandonné pour feuilleter le catalogue de la vente. Comme l'explique Socrate dans le *Phèdre*, l'âme est tiraillée par deux chevaux : le premier indocile, gouverné par les passions, prêchant l'abandon aux plaisirs, et l'autre discipliné, vertueux, gouverné par la honte. Auden avait ressenti la même chose, la tension entre le côté sombre et le côté clair, la bataille que nous livrons tous plus ou moins.

– Je vais travailler, répondit-elle dans un soupir.

Autrefois, jamais la perspective du travail ne l'aurait fait soupirer ; seulement voilà, maintenant il y avait Charlie.

Elle s'assit devant la pile de lettres, tandis que Grace emportait Charlie. Il en était arrivé cinq autres ce matin, toutes en rapport avec la *Revue*. Elle se débarrassa rapidement des deux premières. Un auteur avait perdu tous les exemplaires fournis par la *Revue* d'un article de sa plume et demandait qu'on lui en envoie d'autres. Les copies avaient été perdues au cours d'un déménagement pour cause de rupture. Isabel fronça le sourcil. Avait-elle vraiment à connaître tous ces détails ? Était-ce pour susciter sa compassion et recevoir ces exemplaires gratuitement ? Ou bien pour excuser la perte elle-même, due à une existence chamboulée par la faute de quelqu'un d'autre ? Les yeux au plafond, Isabel réfléchit un moment : quitte à se tromper, mieux valait se montrer généreuse. Elle écrivit un petit mot pour dire que les copies seraient gratuites. Dans la deuxième lettre, on lui demandait pourquoi le compte rendu d'un article, « La vertu dans l'épreuve », n'avait pas encore paru. Là aussi la réponse était facile. Son auteur était mort, de vieillesse apparemment, avant de pouvoir l'écrire. Un autre collaborateur avait été sollicité ; le compte rendu paraîtrait sous peu.

Dix minutes lui suffirent pour expédier ces deux lettres. À ce rythme-là, se dit-elle, j'aurai fini dans une heure, même avant. C'est alors qu'elle prit une enveloppe à l'air innocent, où l'adresse était manuscrite, postée de Londres.

Elle décacheta la lettre et se mit à lire. Le papier à en-tête la renseignait sur l'expéditeur : le curieusement nommé professeur Lettuce, qui enseignait la philosophie morale dans une petite université de Londres et présidait le comité de rédaction de la *Revue.* En général, Robert Lettuce ne jouait qu'un rôle mineur dans les affaires de celle-ci, se contentant de laisser Isabel s'occuper de tout. Épisodiquement, elle lui rendait des comptes, ainsi qu'au comité de rédaction. Lui, à son tour, informait les propriétaires de la *Revue*, une petite maison d'édition universitaire, spécialisée dans les manuels de médecine vétérinaire et de biologie, qui avait hérité de la *Revue d'Éthique Appliquée* presque par hasard, en achetant l'immeuble occupé par la fondation privée qui possédait aussi la *Revue*. Les responsables, soulagés de pouvoir vendre un immeuble qui était une charge financière, avaient fait cadeau de la *Revue* en prime. Les nouveaux propriétaires, pas très enthousiastes, parlaient parfois de vendre si un repreneur acceptable se présentait. Mais personne ne s'était vraiment intéressé à cette entreprise dont les bénéfices étaient minces, voire inexistants. Il n'y avait donc pas eu transfert de propriété.

Elle parcourut la moitié de la lettre, la reposa quelques instants et la reprit pour lire la suite.

> Chère Isabel,
> Comme vous le savez certainement, j'ai beaucoup aimé travailler avec vous pendant ces cinq dernières années. *{Il démissionne, se dit Isabel.}* Nous avons eu très peu de désaccords, et je dois dire que j'ai toujours été très impressionné par votre travail. Sous votre direction, le tirage a augmenté considérablement, certains diraient même de façon spectaculaire, la *Revue* a changé de maquette : vous rappelez-vous cette affreuse couverture mauve ? *{En fait, pensait Isabel, il était contre le changement, si je me souviens bien, il a fallu que je le persuade.}* J'ai toujours apprécié ce concept de thème unique, qui était votre idée ; une vraie réussite.

Seulement, Isabel, vous comprendrez bien qu'il faille introduire du changement et de la variété. Sur la suggestion de quelques-uns, j'ai sondé les autres membres du comité pour savoir si les gens désiraient un nouveau directeur de publication. Je ne pensais pas trouver beaucoup de partisans, mais malheureusement je me trompais. Il s'agit, je le crains, d'un avis unanime : l'heure du changement est venue.

Je suis conscient que, comme moi-même, la nouvelle va vous surprendre et vous contrarier. Sachez bien pourtant qu'il n'y a dans ce désir de changement de la part des membres du comité aucune critique sur votre remarquable bilan à la tête de la *Revue*.

Certains voulaient que ce changement s'effectue immédiatement. J'ai jugé préférable de vous maintenir dans vos fonctions jusqu'à la fin de l'année, si vous le désirez, pour commencer l'année nouvelle avec le nouveau directeur. Cela vous donnera le temps de trouver quelque chose d'autre, sans rompre la continuité, ce qui est important.

Christopher Dove a proposé ses services pour vous succéder ; ce choix convient aux membres du comité. Vous serez sans doute amenés à vous rencontrer pour mettre au point les aspects techniques de la succession.

La lettre se terminait ainsi, avec la signature de Lettuce, qui avait ajouté un post-scriptum à la main :

Isabel avait-elle lu la notice nécrologique « très pénétrante » de l'auteur qui était mort avant de se mettre au compte rendu de « La vertu dans l'épreuve » ? « Un papier excellent », ajoutait Lettuce. « Saviez-vous qu'il jouait très bien du violon et qu'il pilotait un planeur autrefois ? »

Isabel se retrouva aux prises avec des émotions multiples. Elle était choquée par une nouvelle aussi inattendue : comment imaginer qu'on puisse lui retirer ce poste qu'elle tenait pour acquit ? À cela s'ajoutait le dégoût à l'égard du complot qui s'était tramé. Cela venait de Dove, c'était lui le responsable. Elle avait déjà pensé que Dove guignait son poste. Il était ambitieux ; diriger une revue ayant pignon sur rue ne pouvait que l'aider à avancer dans sa carrière universitaire. Il travaillait actuellement dans une université obscure, qui ne figurait même pas dans les classements. Un ami lui avait confié que Dove aurait préféré être ailleurs, à Oxford par exemple, au Magdalen College, où il avait fait ses études. Il s'agissait là d'une ascension vertigineuse, que cette promotion ne pouvait que favoriser. Il avait dû contacter les autres membres et distiller son venin, leur proposant peut-être quelque carotte, usant de flatterie. Un nombre suffisant avait été assez lâche pour le suivre. Absolument aucun n'avait cherché à la joindre pour en discuter. C'était presque le plus difficile à accepter.

Quant à Lettuce lui-même... pourquoi ne pas téléphoner pour annoncer la nouvelle de vive voix ou même venir la voir à Édimbourg ? Non, il avait écrit cette missive assez impersonnelle, qui était en fait une lettre de licenciement. La touche finale, ce petit post-scriptum qu'il avait jugé utile d'ajouter, était à cet égard significative : se servir d'une anecdote triviale qui n'a rien à voir avec le fond du problème pour prétendre que tout va pour le mieux, c'est le signe d'une conscience coupable.

Isabel laissa la lettre glisser sur le sol, à l'envers. L'encre de la signature avait pénétré suffisamment le papier pour apparaître à l'envers. Ecuttel. Ce nom-là, autrement sinistre, lui convenait mieux, Ecuttel et son valet, Evod. Elle se sentit rassérénée, juste un peu : ces inventions d'enfant servent à vous protéger contre les blessures de l'injustice et de la trahison. Mais cela ne dure pas, hélas.

Dans la cuisine, Grace était assise devant Charlie, installé dans son siège inclinable posé sur la table. Pour amuser Charlie, elle agitait de haut en bas une petite poupée de tricot qui semblait représenter un agent de police. Elle leva brièvement les yeux quand Isabel entra dans la pièce, mais retourna vite au bébé.

– Vous en avez déjà assez ? Regardez. Il adore ce petit agent de police. Je crois que c'est le bleu marine qu'il trouve drôle.

Isabel hocha la tête en regardant Charlie. Elle avait envie de dire à Grace : « On m'a mise dehors, je suis victime de... » Mais de quoi donc était-elle victime ?

Une révolution de palais, rien de plus. Le mot « putsch » était peut-être plus approprié, avec cette connotation négative de violence. Non, c'était sans doute aller un peu loin.

– On m'a…

– Je crois qu'il est fatigué, l'interrompit Grace. Regardez, ses yeux se ferment. Ça y est, il s'endort.

Isabel décida de ne rien dire, de garder cette humiliation pour elle. Un peu plus tard, elle annoncerait qu'elle abandonnait la *Revue*, ce qui était la vérité. Si on lui demandait pourquoi, elle dirait la vérité. Mais, jusque-là, autant faire comme s'il ne s'était rien passé.

– Vous disiez ? demanda Grace en se tournant vers elle.

– J'ai envie d'aller en ville, répondit Isabel. Si cela ne vous ennuie pas de garder Charlie.

Grace la rassura sur ce point.

– Merci, dit Isabel en quittant la cuisine pour que Grace ne voie pas les larmes qui lui montaient aux yeux.

N'ayant jamais été renvoyée, elle n'avait jamais connu cette souffrance si caractéristique. C'était presque aussi douloureux que d'être abandonnée par un amant. Et encore, elle n'avait pas besoin pour vivre du minuscule salaire, purement symbolique, qu'elle recevait. Tous les jours, des gens perdent l'emploi qui leur permet de nourrir leur famille. Cette triste vérité éloigna la tentation de s'apitoyer sur son sort.

CHAPITRE 4

Isabel alla en ville à pied. Elle prenait rarement sa voiture suédoise verte à cause des problèmes de stationnement. Pourtant elle serait amenée à l'utiliser davantage avec l'arrivée de Charlie. Un bébé nécessite un tel équipement que l'option voiture deviendrait tentante. Par principe elle utilisait les transports en commun, mais elle n'était pas du genre à être obnubilée par son empreinte écologique, ni à donner des leçons à ce sujet. D'ailleurs sa voiture suédoise était verte dans un autre sens, contrairement aux engins intimidants affectionnés par quelques citadins juchés sur ces tanks et qui regardent les autres de haut. Isabel avait entendu dire qu'un homme s'était lancé dans une croisade personnelle contre ces véhicules, collant sur chacun une petite note où il traitait les propriétaires d'irresponsables. Tout en comprenant ce sentiment, elle ne se serait pas lancée elle-même dans ce genre d'action. On peut juger les gens ainsi, mais de là à le leur dire en face…

Ce n'était pas seulement pour protéger l'environnement qu'elle était partie à pied ce matin-là. Elle avait besoin de mettre un peu d'ordre dans ses pensées, et ce serait plus facile en traversant le grand parc des Meadows, qui sépare la vieille ville des quartiers sud d'Édimbourg. Elle avait si souvent emprunté ce chemin, dans des circonstances si différentes. Un soir elle revenait en larmes d'un concert au Queen's Hall, à tel point qu'une jeune passante lui avait proposé de l'aide. La cause de ses larmes, c'était l'impossibilité pour elle d'avoir une relation avec Jamie, aperçu à l'entracte en compagnie d'une jeune femme qu'elle avait prise pour sa maîtresse. Jamais elle n'aurait pensé que si peu de temps après ils deviendraient amants et qu'elle donnerait le jour à son fils. Elle aurait trouvé l'idée totalement insensée. Et maintenant...

Et elle n'aurait jamais imaginé qu'un jour elle se trouverait à arpenter les allées familières du parc avec un tel sentiment d'amertume à l'idée d'être évincée d'un emploi auquel elle avait consacré tant d'efforts. Elle n'arrivait pas à croire que quelqu'un d'autre puisse vraiment briguer le poste de directeur de la *Revue.* Personne ne pouvait penser qu'elle avait démérité, c'était impossible. Elle s'était acquittée de sa tâche avec succès, pour un très modeste salaire.

Maintenant il fallait faire face. Accepter son renvoi comme un fait accompli ? Se battre ? En tout cas, elle allait écrire au professeur Lettuce pour qu'il lui explique en quoi un changement s'imposait. Christopher Dove allait-il adopter une politique éditoriale différente de la sienne, et, si oui, en quoi ? Lettuce ayant l'art de ne pas répondre aux questions, ce serait sans doute du temps perdu.

Elle arriva à Jawbone Walk, où une mâchoire de baleine géante faisait office d'arche. Beaucoup d'Écossais s'étaient livrés à la chasse à la baleine. Ces ossements avaient été offerts à la ville au dix-neuvième siècle par des tricoteurs de Shetland et de Fair Isle qui les avaient utilisés pour une exposition. La chasse à la baleine et le tricot s'accordaient bien mal. Elle n'aimait guère ce symbole de ce qu'elle aurait préféré oublier, la chasse impitoyable de ces animaux sans défense, pratiquement jusqu'à leur extinction. Du reste, toute la ville regorgeait de témoignages du passé qu'on aurait voulu effacer, monuments commémorant des guerres injustes, statues élevées à des hommes qui avaient présidé à tant de sévices dans des pays lointains. C'était le prix d'un passé colonial. L'Écosse avait pris une part active à la construction de l'Empire, fournissant quantité de soldats, d'ingénieurs, d'administrateurs, pour mener à bien ce grand dessein impérial. On n'avait pas à chercher très loin. Que de vieilles batailles !

Je vais me battre, décida-t-elle. Je vais écrire à l'éditeur pour dire que l'on me met à la porte sans motif valable. Il existe un droit du travail, après tout, et un tribunal peut ordonner que je garde mon poste. Mais elle doutait que ces lois eussent été faites pour des gens comme elle.

Une fois dans High Street, commençant à descendre le Mound, son humeur avait changé : elle ne tenterait rien. Si Christopher Dove voulait vraiment son poste, elle le lui abandonnerait. Elle n'avait pas besoin de ce bien maigre salaire, ni du travail lui-même. Il y avait d'autres choses plus gratifiantes à faire que de rester dans son bureau à lire des manuscrits de philosophes obscurs officiant dans des universités de seconde zone. Il faudrait s'occuper de Charlie, cultiver ses amitiés, faire les voyages dont elle avait toujours rêvé. Elle emmènerait Charlie avec elle ; on lui avait dit que les bébés voyagent plus facilement que les enfants plus âgés. Elle irait voir sa cousine Mimi McKnight à Dallas. Elle n'était pas retournée au Texas depuis des siècles. L'année dernière, lors de son séjour à Édimbourg, Mimi l'avait, comme à l'habitude, pressée de lui rendre visite.

Ainsi plongée dans ses pensées, elle avait atteint le sommet de George Street. Elle descendit rapidement Queen Street en pensant à autre chose et se retrouva devant la salle des ventes de Lyon & Turnbull. Il y avait plus d'animation que le jour précédent. La vente se tenait le lendemain, et tous ceux qui avaient attendu le dernier moment se pressaient pour examiner les tableaux. D'autres viendraient le jour suivant, par exemple ceux qui décidaient le matin même de la mise aux enchères de faire une offre, après avoir trouvé le catalogue par hasard et vu un objet qui leur plaisait. Il y avait aussi les acheteurs impulsifs, tendant le cou pour mieux voir au-dessus des têtes, ceux qui enchérissaient au dernier moment sans avoir rien vu à l'avance.

Le tableau de McInnes avait changé de place. Un moment Isabel crut qu'il avait été retiré de la vente. Il arrivait parfois que les vendeurs impulsifs aient, eux aussi, des regrets. Elle l'aperçut enfin, à un endroit où il était mieux mis en valeur, près d'un grand paysage de William Gillies, représentant les montagnes des Lowlands dans les tons un peu passés de la fin d'été. L'Écosse a le secret de ces teintes à la Gillies : bleus délavés, taches de rouge et de violet là où pousse la bruyère, gris des éboulis sur les pentes exposées aux vents.

En regardant le McInnes, elle sut immédiatement qu'elle allait enchérir. Parce qu'elle avait déjà le plus petit tableau, qui avait peut-être servi d'inspiration à celui-ci. Ce tableau lui parlait ; elle allait essayer de l'acheter. Elle avala sa salive. Isabel avait l'habitude de faire des dons importants, non de consacrer l'argent à ses plaisirs. Elle allait dépenser une somme considérable qui serait mieux employée à autre chose. Le Scottish Opera lui avait demandé une contribution, ainsi que le Centre de recherches sur la méningite et l'université d'Édimbourg… Tant de bonnes causes. Et voici qu'elle allait gaspiller cet argent pour un tableau.

– Très intéressant, très beau.

Elle se retourna brusquement.

– Guy !

Derrière elle un homme s'inclina, un salut un peu suranné peut-être, mais de bon goût. Guy Peploe dirigeait la Scottish Gallery sur Dundas Street avec Robin McClure, qu'Isabel connaissait aussi. Tous les deux fils de peintres dont Isabel possédait des œuvres.

Elle sourit à Guy, qui lui rappelait un peu Jamie, en plus âgé : des cheveux noirs coupés court, des traits bien marqués, la même beauté sans affectation. Était-il au courant ? Même si la nouvelle de la naissance de Charlie avait vite couru dans le Tout-Édimbourg, certains l'ignoraient encore, et seraient surpris, sinon choqués.

– J'espère que vous… que tout le monde va bien ? dit-il.

Il était donc au courant.

– Charlie va très bien, il grandit.

– C'est parfait. C'était pareil pour les miens.

– Et… ? demanda-t-il en hésitant, incapable de retrouver le nom de son jeune compagnon.

– Jamie est très occupé. Et avec Charlie c'est encore pire.

Voilà les choses mises au point, se dit Isabel. Il était certes légitime que les gens se demandent si Jamie était resté avec elle, mais cela l'agaçait quand même. Le mariage a la vertu de signaler au monde que le père entendait respecter ses obligations. Elle désigna le tableau.

– Est-ce que vous… ? demanda-t-elle.

Elle s'arrêta. C'est toujours un peu délicat, dans ce

genre de vente, de rencontrer un ami qui s'intéresse au même objet. On veut bien ne pas enchérir soi-même, mais on espère que l'autre aura les mêmes scrupules. Guy secoua la tête.

– Ne vous faites pas de souci, répondit-il. Nous ne sommes pas intéressés. Et vous ?

– Certainement, lança-t-elle en regardant le tableau avec convoitise.

– L'estimation est un peu basse, dit Guy après avoir feuilleté le catalogue. Mais on ne peut pas savoir. C'est rare de trouver ses œuvres ces temps-ci. Je ne sais même plus quand j'en ai vu en vente la dernière fois. Il y a des années en tout cas. Juste après sa mort.

Il se pencha pour inspecter la toile.

– Intéressant. Je crois que c'est Jura, là où il est mort. C'est assez poignant de l'imaginer en train de peindre ce petit bout de côte sans savoir que c'était à peu près là qu'il allait se noyer. Un peu comme peindre son lit de mort.

Isabel resta rêveuse : combien de gens savaient dans quel lit ils mourraient ou tenaient à le savoir ? En contemplant le tableau, elle se demanda si cela avait quelque utilité. Elle n'avait jamais beaucoup pensé à sa propre mort. Aujourd'hui, avec Charlie, c'était différent. Elle voulait pouvoir l'élever, le voir grandir. C'est là sans doute le prix à payer quand on a des enfants tardivement, comme un homme qui se remarie à disons, soixante-cinq ans avec une femme plus jeune dont il a un enfant. Le père peut très bien vivre encore vingt ans, jusqu'à ce que son fils atteigne l'âge adulte, mais les chances ne sont pas de son côté.

– Il est mort très jeune, non ? demanda-t-elle.

– McInnes ? Oui, quarante, quarante et un ans, je crois.

Il avait à peu près mon âge, se dit Isabel. Et il est mort.

– Pourquoi est-ce que cela nous semble toujours tragique quand un artiste meurt ? Tous ces écrivains qui sont morts prématurément, Wilfred Owen, Bruce Chatwin, Rupert Brooke, Byron. Les musiciens aussi, Mozart par exemple.

– C'est à cause de tout ce que l'on perd quand ils disparaissent, répondit Guy. Owen aurait pu écrire encore longtemps, il venait à peine de commencer, comme Brooke d'ailleurs ; je dois dire que je n'ai jamais été très amateur de Brooke.

– Il écrivait pour les femmes, déclara Isabel sur un ton catégorique. Les femmes aiment les poètes qui ressemblent à Brooke et qui vont se faire tuer. Cela leur brise le cœur. Le pire, c'est Mozart. Quand on pense à toute cette beauté stoppée net, brutalement. Et l'enterrement sous la pluie, c'est bien ça ? Dans la fosse commune ?

– Tout a une fin, Isabel. Toi, moi, l'Empire romain. Cela dit, je regrette que McInnes n'ait pas eu plus de temps. Il aurait pu devenir quelqu'un d'important, peut-être aussi grand que Cadell. Tout l'indiquait. Et puis tout s'est détraqué.

– Quand il s'est noyé ?

– Non, dit Guy. Avant, juste avant. C'est avant son dernier séjour sur l'île de Jura que sa vie s'est effondrée.

Il se pencha pour examiner le tableau de plus près.

– Curieux, très curieux.

– Qu'est-ce qui est curieux ? demanda Isabel, perplexe.

– Le tableau n'est pas verni, dit Guy en se redressant. Je crois bien me rappeler que McInnes vernissait toutes ses toiles. Il était très pointilleux sur ce genre de choses, l'encadrement, le vernissage, les signatures, tout ça. Celui-ci n'est pas verni du tout.

– Est-ce que cela veut dire qu'il n'est pas..., demanda Isabel en fronçant les sourcils.

Guy l'interrompit :

– Certainement pas, c'est bien un McInnes. Mais c'est un peu étrange qu'il n'ait pas verni celui-ci. C'était peut-être un des derniers et il n'a pas eu le temps de le récupérer pour le vernir. Certains peintres vendent leurs tableaux avant de les vernir ; en plus, ils doivent attendre que la peinture soit sèche. Cela peut prendre six mois, ou même plus, suivant l'épaisseur de la peinture. Ils les vendent tels quels en demandant aux acheteurs de revenir les faire vernir. Certains ne reviennent pas.

– C'est tout ?

– C'est tout, dit Guy. Rien de très important, juste un peu curieux.

Jamie se rendait chez Isabel presque tous les soirs, à l'heure où Charlie prenait son bain et son biberon. Isabel en était très contente, même s'il avait tendance à s'occuper de tout, lui laissant peu de choses à faire. Grace se chargeait si souvent de Charlie dans la journée qu'elle se demandait parfois si elle était vouée à jouer les utilités dans les soins à donner à son propre enfant. Mais elle se montrait généreuse et laissait Jamie accomplir ses devoirs paternels.

– Il va bientôt manger à la petite cuillère, déclara Jamie ce soir-là. Regarde, si j'approche cette cuillère, on dirait qu'il a envie de la mettre à la bouche.

– Il fait ça avec tout, remarqua Isabel. Il m'a attrapé le bout du nez l'autre jour, c'était drôle.

– J'ai lu un livre sur l'alimentation des bébés, dit Jamie en rangeant la cuillère.

Isabel ne répondit rien.

– Bien sûr, on dit que l'allaitement est le meilleur choix, continua Jamie, parce que, apparemment, le système immunitaire...

Il s'arrêta soudain et leva les yeux vers elle.

– Pardonne-moi, dit-il, j'ai gaffé. J'ai parlé sans réfléchir.

– Ce n'est pas grave, répondit Isabel en essayant de sourire. Je sais bien que ce n'était pas une critique.

Car elle en avait subi. Elle avait adhéré très brièvement à un groupe de jeunes mères à Bruntsfield. Quand elle avait avoué qu'elle n'allaitait pas Charlie, deux ou trois mamans lui avaient jeté un regard désapprobateur. Ces femmes savaient pertinemment qu'il y avait sans doute une bonne raison, mais elles ne pouvaient s'empêcher de faire du prosélytisme. Elle s'était sentie coupable, tout en sachant qu'il n'y avait pas de raison d'être honteux de quelque chose qu'on ne peut contrôler. Elle avait entendu dire un jour que les gens qui souffrent d'un handicap physique éprouvent parfois un sentiment de culpabilité, comme si c'était leur faute. Pour elle qui n'avait pas été jusque-là en butte à l'opprobre social, cet épisode avait été salutaire. Ne fumant pas, elle n'avait pas subi les critiques des non-fumeurs. Elle ne faisait pas partie d'une minorité ou d'une ethnie opprimée. Personne ne lui avait fait sentir qu'elle était différente, elle n'avait jamais été victime d'injustice. Elle avait essayé d'imaginer ce que l'on ressent quand on vous reproche un aspect de votre personnalité dont vous n'êtes pas responsable ; elle pensait avoir réussi, jusqu'à un certain point. Mais ce jugement mesquin avait été sa première expérience directe.

Elle regarda Jamie à la dérobée ; elle ne voulait pas qu'il la surprenne plongée dans la contemplation : le spectacle de ce jeune homme affairé aux devoirs de la paternité avait quelque chose de particulièrement émouvant. Il manipulait Charlie délicatement, comme un objet précieux. Quand il regardait son fils se lisait sur son visage une grande tendresse ; involontairement, il souriait. Ce n'était pas facile d'expliquer pourquoi cette douceur masculine, cette combinaison de force et de tendresse était si bouleversante. De temps en temps, un poète, un peintre avaient réussi à décrire ce sentiment.

Après que Jamie eut donné le biberon à Charlie, ils passèrent à la salle de bains. Une petite baignoire avait été placée sur une table. Le bébé adorait l'eau et agitait bras et jambes avec entrain.

– Il est tout en longueur, remarqua Jamie. Regarde ses jambes. Et ce petit corps, ce petit ventre.

Il plaça doucement un doigt sur l'abdomen du bébé ; quand il le retira, il y avait une minuscule marque blanche, qui s'évanouit bientôt. Il posa la main sur la poitrine, pour sentir les battements du cœur.

– Et son cœur. Tic-toc, comme une petite montre suisse.

– Nommer les éléments, dit Isabel en riant.

– Nommer les éléments ?

– C'est un poème que j'ai appris à l'école autrefois. On avait passé plusieurs semaines à étudier les poètes de guerre et on avait appris par cœur une quantité de poèmes. Celui-là s'appelle *Comment nommer les éléments*, de Henry Reed. Ce sont de jeunes recrues auxquelles un instructeur indique le nom des différentes parties d'un fusil. Mais le poète ne voit que le *japonica* qui fleurit dans les jardins alentour, deux amoureux qui s'enlacent au loin, et ainsi de suite. Je trouvais ça très triste.

Jamie l'écoutait. Isabel pensait aussi à Auden, ou WHA, comme elle disait, son poète favori. Il avait traité le même sujet dans *Musée des Beaux-Arts* : la souffrance humaine a toujours une toile de fond très banale. Le cheval du tortionnaire se frotte le flanc contre un arbre, le navire poursuit sa route, et pendant ce temps Icare tombe à la mer.

Isabel déplia une serviette, prête à en envelopper Charlie.

– Et la vie ordinaire continue, reprit-elle, pendant que des événements extraordinaires se produisent. Des anges apparaissent dans le ciel.

– Des anges ? demanda Jamie en sortant Charlie de l'eau précautionneusement.

– Oui, des anges. Il y a un autre poète, Alvarez, qui a écrit un très beau poème sur les anges qui apparaissent soudain au firmament. Et un type qui est en train de couper du bois avec une tronçonneuse ne s'aperçoit de rien. Mais ça se passe en Toscane, ce n'est pas étonnant de voir des anges là-bas.

– De la poésie même à l'heure du bain !

Il passa le bébé à Isabel, qui le roula dans la volumineuse serviette, puis il se sécha les mains et rabattit ses manches. Isabel remarqua la peau brune des avant-bras, comme s'il avait passé du temps au soleil. Si je l'emmenais en Italie, se dit-elle, il bronzerait très vite.

Charlie s'endormit rapidement et tous deux retournèrent dans la cuisine. Isabel versa à Jamie un verre de vin et se mit à préparer le dîner. C'était devenu une sorte de rituel domestique, très agréable pour tous les deux. Il aurait peut-être été plus simple, et plus commode, que Jamie vînt s'installer chez elle. Il restait dormir quelquefois. Les nuits où il n'était pas là, elle commençait à se sentir un peu seule, même avec Charlie près d'elle, qui respirait bruyamment ou pleurait parfois dans son berceau. Mais ils avaient décidé tacitement qu'il valait mieux rester chacun chez soi. Pour préserver leur indépendance, peut-être, même s'ils n'employaient pas ce mot.

– Comment s'est passée ta journée ? demanda-t-elle en sortant une casserole du placard.

– Sans histoires.

– Rien du tout ?

– Une répétition pour le concert de Richard Neville-Towle. *Ludus baroque*. À l'église de Canongate. Je t'en ai parlé. Tu viendras ?

– Bien sûr, c'est dans mon agenda, répondit-elle en posant la casserole sur le fourneau.

Jamie prit le *Scotsman* du jour et le plia soigneusement, remarquant que la grille de mots croisés avait été remplie.

– Et toi ?

Isabel hésita un instant et Jamie s'en aperçut.

– Il s'est passé quelque chose ? demanda-t-il avec une trace d'inquiétude.

Isabel regardait sans la voir la petite montagne de beurre qui fondait dans une mer jaune, pour le roux qu'elle préparait.

– Renvoyée. Congédiée.

Elle remua brièvement le beurre fondu ; la petite montagne s'effondra dans la mer.

– Je ne comprends pas.

– De mon poste. Imagine-toi, dit-elle en se tournant vers lui avec un sourire, que tu vas dîner avec l'ex-directrice de la *Revue d'éthique appliquée.* Bientôt ex-directrice. On va donner mon poste à quelqu'un d'autre. Un certain Christopher Dove, professeur de philosophie dans on ne sait quelle université à Londres.

Elle se reprocha le snobisme de cette description, qui était de rigueur dans les cercles universitaires : les institutions plus anciennes et mieux dotées regardaient de haut leurs petites sœurs plus jeunes et plus pauvres. Impossible d'échapper à la hiérarchie : Harvard, Oxford, Stanford, Cambridge, toutes jouant des coudes pour dépasser les autres, tandis qu'au-dessous, sans qu'elles daignent vraiment remarquer leur existence, les petites universités locales se débattent pour survivre sans moyens, avec leur personnel surmené, leurs étudiants méritants. Elle n'aurait pas dû être si condescendante. C'était précisément ce qui se disait dans ce milieu-là.

– Enfin, l'université de...

Jamie, qui l'avait écoutée bouche bée, l'interrompit :

– Ils ne peuvent pas faire ça.

– Mais si, ils peuvent.

Elle lui parla de la lettre du professeur Lettuce. Elle mentionna le petit post-scriptum inepte qui se voulait amical. Jamie fit la grimace. Elle essayait de rester calme, ne voulant pas qu'il sache à quel point elle était blessée, mais il avait deviné. Il se leva, vint vers elle, la serra contre lui.

– Isabel.

– Ce n'est rien, dit-elle en posant un doigt sur ses lèvres. Vraiment. Ça m'est égal.

– Tu fais semblant.

– Tout va pour le mieux dans le meilleur des mondes...

– Mais oui, tu fais comme si tout allait bien, et ce n'est pas vrai. Comment osent-ils ? Tu n'arrêtes pas de travailler pour cette *Revue* stupide...

– La *Revue* n'est pas stupide.

– Pour cette stupide *Revue*, et pour rien, ou presque rien. Et c'est comme ça qu'on te remercie ?

Elle retourna à son roux, éloignant la casserole du feu pour ajouter la farine.

– C'est la règle du jeu, Jamie. Ça arrive à tout le monde. On travaille toute sa vie pour une entreprise et un jour on s'aperçoit qu'un autre rôde dans les parages, attendant impatiemment que la place se libère. Et quand on vous remercie, ce n'est pas vraiment sincère non plus.

Jamie se rassit, songeant à un musicien qu'il connaissait, dont les lèvres n'avaient pas résisté à l'approche de la cinquantaine. Le milieu musical est cruel, lui aussi : quand on n'arrive plus à produire les notes hautes...

– Tu ne vas pas te défendre ? Tu ne vas pas écrire à... au propriétaire ? Tu m'as bien dit que c'est une maison d'édition ? Tu pourrais écrire au directeur, non ?

Isabel remuait sa sauce. Certaines personnes confectionnent des roux sans grumeaux, mais elle ne faisait pas partie de ces privilégiés.

– Les éditeurs ne s'intéressent guère à la *Revue*, ils l'ont achetée avec les locaux. Ils ont déjà essayé de la vendre et seraient prêts à la céder si on leur faisait une offre avantageuse, mais, en attendant, ils n'ont pas envie de s'en mêler.

– Ils s'en fichent alors ?

Pour Isabel, ce n'était pas qu'ils s'en fichaient vraiment ; ils réagiraient vite si la *Revue* devenait déficitaire. Tant qu'elle tournait bien, même avec un bénéfice minuscule, ils se contentaient de laisser le champ libre au comité de direction. C'est ce qu'elle expliqua à Jamie.

Pendant quelques minutes ils restèrent silencieux. Le roux d'Isabel avait belle allure maintenant. Jamie feuilletait le *Scotsman*, pliant et dépliant la page des notices nécrologiques. « Il connaissait l'aviation à fond, disait l'article. Son sens du geste théâtral était légendaire. Lors d'un discours à un dîner, il annonça son intention de racheter une compagnie aérienne qui… » Ces notices sont remplies de détails si extraordinaires que le quotidien des vivants semble bien fade, et leurs noms insignifiants. Qui donc achète des compagnies aériennes ? Il doit pourtant bien se trouver des acquéreurs. Il y a des gens qui possèdent des compagnies aériennes, des navires, des gratte-ciel, de vastes domaines. Ou rien du tout, comme Gandhi à sa mort. Une tante idéaliste avait offert à Jamie enfant un livre sur Gandhi. Elle lui avait montré la photo des biens que Gandhi possédait à sa mort : une paire de lunettes, un *dhoti* blanc, de modestes sandales. « Mais quand on meurt, on ne possède même plus cela, Jamie, souviens-t'en. » Il n'arrêtait pas de contempler cette photo, éprouvant une inexplicable envie de pleurer, parce qu'il avait pitié de Gandhi, qui avait si peu de choses et était désormais mort.

– Tu pourrais leur faire un procès.

Isabel, qui s'apprêtait à goûter son roux, s'arrêta, la cuillère en l'air.

– Mais pour quel motif ? Licenciement abusif ?

– Oui, c'est ça. Oblige-les à payer pour se débarrasser de toi.

– Ce n'est pas si simple. D'ailleurs je ne suis pas sûre d'être vraiment employée à proprement parler. C'est un travail à mi-temps.

– Tu pourrais quand même essayer, insista Jamie.

– Non, dit Isabel en secouant la tête. Ce serait humiliant. Je n'ai pas du tout envie d'aller en justice, mais alors pas du tout.

– Je t'assure, Isabel, c'est ce que tu devrais faire. Ne te laisse pas marcher sur les pieds. Défends-toi.

– J'en serais incapable.

– Penses-y quand même, dit-il en haussant les épaules. Fais-moi plaisir.

– D'accord. J'y penserai.

Cette nuit-là, allongée près de Jamie dans sa chambre, elle revint effectivement à ce sujet, tout en le contemplant, si beau, le bras jeté en travers de l'oreiller. Elle pouvait bien sûr suivre ses conseils, engager les avocats les plus éloquents et les plus chers, le gratin du barreau écossais, pour défendre ses intérêts. Elle avait les moyens de gagner un tel procès, ses avocats de luxe ne faisant qu'une bouchée des confrères plus inexpérimentés qui défendraient la *Revue.* Elle chassa pourtant ces pensées : il n'était pas question, même une seule fois, d'utiliser à mauvais escient cette fortune qu'elle ne devait qu'aux lois de succession. Si elle avait gagné cet argent elle-même, ce serait peut-être différent. Ce n'était pas le cas, et elle ne changerait pas son code de conduite. C'était parfois difficile. Comme pour l'alpiniste qui doit parcourir une certaine distance chaque jour, malgré l'oxygène rare et les muscles qui se refusent à l'effort.

CHAPITRE 5

– Tu te rends compte que je n'ai jamais assisté à une vente ? Je suis comme un collégien qui entre dans un bar pour la première fois.

Jamie, assis à côté d'Isabel, examinait la salle des enchères. Il y avait foule, en partie à cause de la publicité générée par la mise en vente d'une collection de coloristes écossais, propriété d'un homme d'affaires réputé pour ses gaffes et son franc-parler, qui avait fait fortune grâce à une petite compagnie pétrolière. Ses gisements de pétrole, sur les rives de la mer Caspienne, dans une de ces républiques instables aux frontières floues, s'étaient soudain taris. On avait soupçonné une manipulation locale des rapports des géologues et le prix de l'action s'était effondré. La collection de coloristes était donc en vente, en même temps qu'un domaine de chasse dans les Highlands et une petite écurie de vieilles voitures de collection. La commisération se doublait d'un plaisir dissimulé, comme c'est souvent le cas devant la chute de ceux qui font étalage de leurs richesses.

Les coloristes occupaient une place importante dans les premières pages du catalogue : paysages, natures mortes, portrait de femme au grand chapeau emplumé. Accrochées de chaque côté du commissaire-priseur, les œuvres elles-mêmes trônaient, auréolées de leur cote enviable. Pour les quelques voyeurs attirés par les prix élevés de ces ventes, qui s'installent aux premiers rangs sans aucune intention d'acheter, c'est le point culminant de la journée. Ce qu'ils veulent, c'est observer les employés qui prennent au téléphone les ordres d'acheteurs lointains dans des contrées exotiques, puis hochent discrètement la tête pour signaler au commissaire-priseur qu'ils enchérissent.

– Ce n'est pas le moment de faire de grands signes à un ami, dit Isabel, à moins que tu ne tiennes à acheter un tableau.

– Tu crois vraiment ? fit Jamie en baissant vite les mains.

– C'est arrivé, paraît-il.

La vente commença. Isabel remarqua Guy Peploe, installé quelques rangées derrière eux. Elle lui sourit et Guy leva le pouce pour lui souhaiter bonne chance. Les chiffres tombaient après la mise à prix initiale : trois cent vingt mille livres, deux cent quatre-vingt mille livres... Jamie sifflota, incrédule, et poussa Isabel du coude.

– Qui peut s'offrir ça ? Des galeries ?

– Au bout du compte, même si c'est une galerie, cela finira entre les mains de particuliers, chuchota Isabel. Des riches collectionneurs.

– Honnêtes ?

– Sûrement. Ce n'est pas ce genre de tableaux qui intéresse les gens qui se sont enrichis de façon douteuse.

En disant ces mots, elle se rendit compte qu'elle n'avait en fait aucune idée du parcours suivi par l'argent sale. En tant que philosophe, elle étudiait les impératifs moraux. Pourtant au nom de quelle expérience pouvait-elle parler avec autorité de ces choses, elle qui menait une existence confortable à Édimbourg ? Qui connaissait-elle qui fût vraiment mauvais ? Christopher Dove ? Le professeur Lettuce ? L'idée la fit sourire. Même si Dove était un misérable, et encore devait-elle lui accorder le bénéfice du doute, ses turpitudes restaient confinées dans un domaine bien policé, luttes de pouvoir entre universitaires, conflits d'ambitions. Ce genre d'agissements paraît d'autant plus inoffensif que le milieu est plus raffiné. Les intrigues que nouent les ecclésiastiques de Trollope ne se règlent pas au revolver ou au couteau : dans leur milieu, c'est la remarque assassine qui est l'arme de choix. Ils sont pourtant aussi mauvais en tant qu'hommes que le *mafioso* sicilien qui se sert d'armes à feu.

Quand tous les coloristes furent dispersés, ceux des spectateurs qui n'étaient attirés que par les chiffres vertigineux des enchères quittèrent la salle. Il y eut quelques moments intéressants parmi les lots suivants : un portrait de danseuse peu flatteur, peint dans le style de Botero par un artiste russe, trouva preneur pour quarante-cinq livres en la personne d'un petit monsieur en pardessus. Un cerf sur fond de paysage des Highlands, œuvre anonyme du dix-neuvième siècle, fit faire la grimace au commissaire-priseur, ce qui suscita des rires dans le public. Cette petite défaillance, au demeurant bien compréhensible, n'eut heureusement pas d'influence sur les deux enchérisseurs par téléphone, qui n'avaient pas vu la mimique et se livrèrent une bataille faisant monter le prix bien au-dessus de l'estimation.

Enfin ce fut le tour du McInnes. Jamie effleura le bras d'Isabel. Elle lui serra doucement la main. Ses paumes étaient un peu moites. Si c'était moi, je tremblerais comme une feuille, se dit-il.

– Nerveuse ? chuchota-t-il.

– Non. Si, bien sûr.

La mise à prix avait été fixée assez bas. Le commissaire-priseur enchérissait pour le compte d'un acheteur absent. Puis les enchères se mirent à grimper. Isabel fut la quatrième à enchérir, à dix mille livres, offre immédiatement couverte par téléphone. Puis quelqu'un au fond de la salle fit monter le prix de mille livres. Jamie se retourna, sans réussir à voir qui c'était. Isabel leva à nouveau son numéro : mille livres de plus. Consultations au téléphone, hochement de tête, encore mille.

Isabel se retrouva meilleure enchérisseuse à vingt

mille livres. Le commissaire-priseur jeta un coup d'œil circulaire sur l'assistance.

– Tu vas l'avoir, murmura Jamie. Tu vas gagner.

– Je ne suis pas sûre..., commença-t-elle.

– Tu n'es pas sûre de le vouloir vraiment ? dit-il, inquiet.

Le commissaire-priseur regarda Isabel, puis au-dessus de sa tête vers l'enchérisseur du fond.

– Vingt et un mille livres.

– Non, dit Isabel en glissant son numéro dans sa poche.

À nouveau le commissaire-priseur lui jeta un coup d'œil interrogateur, mais elle secoua la tête. Les deux collègues au téléphone lui firent signe qu'ils arrêtaient eux aussi. Il adjugea alors d'un bref coup de marteau, sa main recouvrant la petite tête de bois.

Jamie regarda Isabel, qui se penchait pour prendre son sac par terre.

– Pas de chance, murmura-t-il.

– C'est la règle du jeu, dit-elle en haussant les épaules. C'est très instructif, tu ne trouves pas ?

– Parce que ce qui compte...

– Ce qui compte, c'est l'argent. Peu importe qu'on adore un objet ou qu'on mérite de l'avoir, c'est l'argent qui décide. La leçon est claire.

Elle fourra le catalogue dans son sac. Ils attendirent que les enchères du tableau suivant fussent terminées pour se lever et sortir. Un couple qui était debout à côté de la rangée se précipita sur les places laissées vides, avec un petit sourire reconnaissant à l'adresse de Jamie, qui s'était retourné pour le regarder.

– Tu as vu qui a acheté le tableau ? demanda Isabel.

– Non, il y avait trop de têtes, mais c'était par là. Dans ce groupe.

Il indiquait le fond de la salle, où une bonne trentaine de personnes étaient debout.

Isabel regarda la foule : impossible de repérer celui qui l'avait emporté.

– Pourquoi est-ce que tu veux savoir ? demanda Jamie.

– Par curiosité pure, répondit-elle, consciente qu'il n'y avait aucune raison valable.

Elle s'arrêta, reconnaissant dans la foule un visage connu, un homme qui examinait le catalogue un peu à l'écart.

– Peter ?

Son ami Peter Stevenson leva les yeux et lui sourit.

– J'ai vu que tu as enchéri sur le McInnes, dit-il à mi-voix car les enchères avaient repris. Tu devais en avoir vraiment envie.

– C'est comme ça, soupira Isabel avec un geste résigné.

Peter regarda discrètement Jamie, qui se tenait derrière Isabel. Il approuvait pleinement leur relation. Il avait même eu l'occasion de le faire savoir lors d'un dîner, lorsqu'un convive avait lancé une remarque pleine de sous-entendus sur la différence d'âge entre Isabel et son nouveau compagnon. « C'est de la jalousie », avait-il soufflé à mi-voix, mais assez distinctement pour que toute la table l'entende. L'auteur de la remarque avait rougi et la femme de Peter, Susie, lui avait décoché un regard de reproche, tout en reconnaissant la justesse du commentaire, comme la plupart des autres invités.

– En tout cas je suis désolé, chuchota Peter. Walter Buie en avait encore plus envie que toi.

– C'était lui ? fit Isabel, très intéressée.

– Oui, il est parti tout de suite après. Il était juste à côté de moi, là-bas. Tu le connais ?

Le nom semblait familier à Isabel, sans doute parce que c'était un patronyme peu fréquent en Écosse. Elle avait déjà rencontré des Buie, mais pas celui-là.

– Il est avocat. Il travaillait pour un gros cabinet, et puis il en a eu assez et s'est installé à son compte. Il traite des petites affaires pour quelques clients privés. Il n'aimait pas la pression constante dans ces grosses boîtes, tu sais ce que c'est aujourd'hui. Il habite tout près de chez nous. Je le rencontre souvent en train de promener son chien. Il a l'air sympathique, son chien un peu moins.

– Apparemment il y tenait. Il est collectionneur ?

– Nous faisons trop de bruit, murmura Peter en posant un doigt sur sa bouche. Je perçois des coups d'œil significatifs. Il y a beaucoup de Buie sur l'île de Jura. Son père en était sans doute originaire. C'est là que le tableau a été peint, non ?

– Viens nous voir, dit Isabel en faisant signe qu'elle

partait. Dis à Susie de venir voir Charlie. Quand tu veux. À propos, que fais-tu ici ?

– C'est bientôt l'anniversaire de Susie. Il y a une petite aquarelle qui va être mise en vente un peu plus tard, toute petite, pas plus grande que ça. Je vais peut-être monter jusqu'à quatre-vingts livres !

– Sois prudent, dit Isabel en souriant.

Jamie la suivit et ils sortirent sur Broughton Street. Il regarda sa montre : il lui fallait être à l'Académie dans une demi-heure pour donner un cours. Isabel ne pouvait pas non plus tarder ; Charlie réclamerait bientôt son biberon. Grace s'occupait de lui, mais elle avait envie de le voir. C'était curieux : même une séparation de quelques heures la rendait inquiète. Cela annonçait peut-être de quoi l'avenir serait fait : une vie d'angoisses, de tourments pour des vétilles. Quand on a un enfant, on prend un risque. Mais n'est-ce pas vrai de tous les rapports humains ?

Jamie expliqua qu'il devait partir tout de suite : il lui faudrait un quart d'heure à pied pour aller jusqu'à l'Académie et il aimait arriver un peu en avance.

– Tu aurais pu monter davantage, dit-il en indiquant de la tête la salle des ventes.

– Oui, mais je ne l'ai pas fait.

– Est-ce que tu es vraiment riche ?

Isabel fut prise au dépourvu. Il avait parlé sans animosité, mais la question était potentiellement hostile.

– Je suis à l'aise. Ça doit se voir, même si je ne fais rien pour ça.

Jamie la regardait dans les yeux, en proie à un sentiment étrange : elle lui appartenait sans lui appartenir. Fondamentalement, c'était à cause de la différence de conditions. Tout était contraste dans leur relation : elle était plus âgée, plus riche, elle vivait au sud d'Édimbourg et lui au nord, il était brun et elle châtain clair. Le jour et la nuit.

– Tu ne me réponds pas, lança Jamie après un long silence.

– Je n'ai pas à répondre à cette question, dit-elle doucement, sans s'énerver. Pourquoi est-ce que tu veux savoir, d'ailleurs ? Je ne te demande pas ce que tu gagnes.

– Je te le dirais volontiers, mais tu as raison, ça ne me regarde pas. Je n'aurais pas dû poser la question.

Elle le contempla. Comment lui en vouloir ? Elle en était bien incapable. Il peut me dire tout ce qu'il veut, pensa-t-elle, absolument tout, puisque nous sommes amants et que je l'aime de toute mon âme.

Elle se mit à dégager les cheveux du front de Jamie, puis glissa la main sur sa nuque.

– J'ai hérité de ma mère des actions d'une société très prospère qui possédait des terrains et des immeubles en Louisiane, et aussi à Mobile.

– Tu n'as pas à me raconter tout ça, dit Jamie. Je suis désolé.

– Onze millions de livres, en fonction du cours du dollar.

Jamie la regardait sans mot dire, bouche bée.

– Ta curiosité est-elle satisfaite ?

– Écoute, j'aurais dû me taire, fit-il, l'air très troublé. Je ne sais vraiment pas ce qui m'a pris.

– Tu ne pourrais pas téléphoner à l'Académie pour dire que tu as un empêchement ? demanda Isabel impulsivement en lui prenant la main. On pourrait aller chez moi.

Il secoua la tête. Elle le pressa.

– Allez, fais-le.

– Sirène ! dit-il en secouant la tête à nouveau.

Ils s'embrassèrent et elle le regarda descendre Broughton Street. Il dut sentir son regard car il se retourna et lui fit signe de la main avant de continuer. Elle envoya un baiser qu'il ne lui rendit pas.

Elle se détourna et emprunta Queen Street. En cette fin de matinée radieuse, l'air était même chaud pour l'est de l'Écosse. Cela la perturbait d'avoir divulgué un secret. Alors même qu'elle évoquait quelques minutes auparavant les risques auxquels on s'expose quand on tisse des liens affectifs, elle venait d'en prendre un nouveau.

Quand Isabel rentra chez elle, elle vit que Grace avait sorti Charlie dans le jardin. Son landau était installé sous le sycomore, derrière la maison. Isabel se pencha sur Charlie, qui dormait sur le dos, la tête protégée par l'ombre de la capote. La bouche légèrement entrouverte, il serrait de la main droite la doublure de soie de la couverture ; ses doigts avaient gardé la position qu'ils avaient quand il s'était endormi.

– Il y a quelque chose qui le dérangeait ce matin, il gémissait, il n'arrivait pas à se calmer, il faisait des grimaces. Mais il s'est calmé quand je lui ai donné de la potion au bicarbonate.

Sans changer de position, Isabel lança à Grace un regard perçant.

– Vous lui avez donné ça ? Et alors ?

– Ça a marché, il a arrêté au bout d'une dizaine de minutes.

– Je ne savais pas qu'il y en avait ici, dit Isabel en se redressant. D'ailleurs il n'y en a pas, j'en suis sûre.

– J'en ai acheté une bouteille il y a quelques semaines, expliqua Grace.

– Vous lui en avez déjà donné ? demanda Isabel en faisant le tour du landau.

– Oui, plusieurs fois. Ça marche vraiment bien.

Isabel prit une longue inspiration. Fait rarissime, elle sentait monter une vague de colère, une émotion brûlante et primitive qui la submergeait.

– Mais enfin, Grace, il y a du gin dans ces préparations. Du gin, bon sang !

– Il n'y en a plus depuis longtemps, répondit Grace, stupéfaite. Autrefois, oui. Ma mère m'a raconté que j'en prenais quand j'étais petite, et elle aussi d'ailleurs. Mais c'était il y a des années. Vous savez comme les gens font des embarras aujourd'hui.

– Et qu'est-ce qu'il y a d'autre dans cette préparation ? Je tiens à savoir ce que Charlie prend comme médicament, Grace. C'est moi sa mère, et j'estime…

Elle se rendait compte que c'était un peu brutal, mais elle ne pouvait s'arrêter. Grace ne semblait pas prête à faire amende honorable, ce qui n'arrangeait pas les choses.

– Mais ce n'est pas un médicament, dit Grace. C'est à base de plantes. Je crois qu'il y a du fenouil, du gingembre et d'autres choses : ça calme les douleurs d'estomac qui les font pleurer. Ce n'est pas ça qui vous inquiète, j'espère ?

Isabel se détourna, luttant pour dominer sa colère et parler d'une voix normale.

– Non, je ne suis pas inquiète. Mais je veux que vous me teniez au courant quand vous lui donnez quelque chose d'inhabituel. Il est normal que je sois informée.

Grace ne répondit rien, mais Isabel ne chercha pas à lire sa réaction sur son visage. Comme Grace était son employée, Isabel jouissait d'un avantage qu'elle s'interdisait d'utiliser : une querelle avec Grace ne serait pas à armes égales et il aurait été répréhensible d'en profiter. Il était pourtant normal de sa part d'exiger d'être consultée avant d'administrer à Charlie des choses comme cette potion. Du fenouil ! Du gingembre ! Et quoi encore ?

Elle allait s'éloigner quand Grace l'arrêta par ces mots :

– Cat a téléphoné.

Autrefois, Cat téléphonait régulièrement. Depuis la rupture de leurs relations, c'était fini.

– Oui, oui, confirma Grace qui comprenait la signification de ce coup de fil.

– Qu'est-ce qu'elle voulait ? demanda Isabel en se retournant.

– Elle veut vous inviter à dîner, fit Grace, guettant la réaction d'Isabel.

Celle-ci décida de jouer l'indifférence.

– Ah bon ? C'est très aimable de sa part.

– Avec Jamie. Elle a aussi invité Jamie.

Isabel garda son air indifférent, même s'il s'agissait là d'un développement inattendu.

– Et Charlie ?

– Je ne crois pas, dit Grace en secouant la tête. Elle n'a pas parlé de Charlie.

Isabel entra dans la maison. Une fois dans son bureau, elle resta quelques minutes debout, consumée de fureur. Grace n'avait pas le droit de prendre ainsi le contrôle de Charlie, de se comporter comme si c'était elle la mère. Soit discrètement, soit ouvertement, Grace agissait souvent comme si elle en savait beaucoup plus long qu'elle sur les soins à donner aux enfants, et c'était là une autre source d'irritation. Grace jugeait Isabel détachée des contingences matérielles, incapable de comprendre le fonctionnement des appareils. Dans le passé, Isabel avait choisi de ne pas réagir ; cela devenait de plus en plus difficile.

Elle finit par s'asseoir. Tout allait mal : le travail, son manque d'audace lors de la vente aux enchères, ce curieux échange avec Jamie au sujet de sa fortune, les initiatives de Grace et l'étrange invitation de Cat par-dessus le marché. Elle ne voyait pas ce qui pouvait bien pousser Cat à inviter Jamie. L'envie de se mêler de ses affaires, peut-être. Ou bien était-ce une tentative pour le récupérer ?

Elle avait les yeux fixés sur le tapis du bureau, un vieux beloutche qu'elle avait toujours vu dans la maison. Son frère et elle avaient joué dessus enfants. Il s'en était fait une tente à l'abri de laquelle il lui lançait des fléchettes en caoutchouc. L'une d'elles avait atteint Isabel à l'œil et il avait été puni. Il lui en avait voulu de l'avoir dénoncé. « Je te déteste pour toujours, avait-il dit entre ses dents. Tu verras. Pour toujours. » Aujourd'hui, après toutes ces années, elle ne le voyait que rarement ; il n'écrivait jamais. Ce n'était pas à cause de cet épisode du tapis, mais pour des raisons secrètes qui n'avaient rien à voir avec Isabel. Les haines des enfants ne durent guère. Il suffit de quelques minutes pour qu'ils oublient, alors que les adultes entretiennent ces haines à perpétuité, génération après génération.

Si Jamie et elle avaient eu le même âge, tout aurait été tellement plus simple : elle aurait tout de suite accepté de l'épouser. C'est pure malchance que de tomber amoureux de quelqu'un que l'on ne pourra jamais conquérir. Cela arrive en fait très souvent. On est alors condamné à une longue peine : l'amour non payé de retour, sans rémission pour bonne conduite.

Les yeux fixés au vaste plafond blanc, elle médita. Selon elle, Jamie était guéri de son amour pour Cat. Mais le plus dangereux dans cette invitation, c'était qu'en la revoyant ses sentiments risquaient de renaître. Ce n'était pas impossible. Et si elle gardait le silence sur cette invitation ? Ou bien si elle disait carrément à Cat que Jamie n'avait pas envie de venir ? Pendant quelques minutes ce dilemme lui fit oublier ses autres soucis. En ne transmettant pas l'invitation, elle péchait simplement par omission. Mais en déclarant que Jamie refusait de la voir, elle se rendait coupable de mensonge. Dans quelle mesure a-t-on le devoir de transmettre une information ? Admettons que A demande à B de dire quelque chose à C. B est-il moralement obligé de le faire ? Il faudrait d'abord que B ait accepté de transmettre ce message. Sinon, une philosophie individualiste et libérale énoncerait sans doute qu'il n'y a pas lieu de faire du zèle. C'était précisément ce libéralisme individualiste qu'Isabel ne partageait pas. Il ne faut pas aller se baigner avec un libéral individualiste, car il risque bien de vous laisser couler si vous perdez pied. Ce n'était pas une philosophie très séduisante, sauf à ce moment précis, où elle offrait une solution idéale à son problème.

J'en parlerai avec Jamie, décida-t-elle. Puis elle pensa : Comment peut-on être aussi stupide ! Si Christopher Dove entendait ce monologue intérieur ! Et vous aussi, professeur Lettuce, espèce de grosse limace.

Elle se sentait déjà mieux.

Chapitre 6

Deux jours après la vente, Isabel, installée à son bureau, tournait sans enthousiasme les pages d'un article plutôt médiocre qu'on lui proposait pour la *Revue*. Elle se faisait un devoir de lire chaque article en entier, si fastidieux fût-il. Encore indécise, elle n'avait pris aucune initiative au sujet de l'invitation de Cat, aussi hésita-t-elle à décrocher lorsque le téléphone sonna. Si c'était Cat, il lui faudrait expliquer pourquoi elle n'avait pas encore répondu et ce serait délicat.

Elle finit par décrocher et énonça son numéro. Cat l'interrompait toujours quand elle faisait cela, en disant qu'elle connaissait le numéro puisqu'elle venait de le composer. À son grand soulagement ce n'était pas sa nièce, mais Guy Peploe.

– Je suis désolé que vous n'ayez pas pu avoir ce tableau, dit-il. Je croisais pourtant les doigts.

– C'est ça les enchères. Je suis sûre qu'il y aura d'autres occasions.

– C'est bien vrai, répondit Guy en riant. En fait, il s'en présente une. Pas ce tableau, mais un autre McInnes. Est-ce que vous seriez intéressée ?

Isabel répondit par l'affirmative. Était-ce une autre vente aux enchères ?

– Non, répondit Guy. Quelqu'un l'a apporté à la galerie pour que nous le vendions.

Isabel réfléchit un instant. Évidemment, elle désirait le voir, mais n'était pas sûre qu'elle aurait envie de l'acheter. Celui qui lui avait échappé avait un intérêt particulier pour elle parce qu'elle possédait déjà la petite étude du même paysage. Elle ne voulait pas un McInnes juste pour la signature.

– D'accord, dit-elle. J'irai jeter un coup d'œil dans quelques jours.

– Désolé de vous presser ainsi, Isabel, insista Guy, mais il faudrait que vous veniez le plus vite possible. J'ai un acheteur qui se déplace cet après-midi pour d'autres tableaux et il pourrait bien prendre celui-là aussi. Il achète pour un collectionneur en Floride qui aime ce genre de paysages.

Isabel regarda sa montre, puis le manuscrit qu'elle était en train de lire.

– Écoutez, Guy, je suis en train de faire quelque chose qui m'ennuie. Il me faut quarante minutes pour finir et je suis à la galerie. Je peux venir avec Charlie ?

Charlie serait le bienvenu. Il n'est jamais trop tôt pour s'intéresser à la peinture. Isabel revint à son manuscrit, qui traitait de l'autonomie de l'individu au sein de la famille. Elle avait perdu le fil et dut revenir plusieurs paragraphes en arrière. Quelque chose la perturbait dans cet article et elle finit par mettre le doigt dessus : l'auteur ne croyait pas vraiment à ce qu'il écrivait. Son argumentaire était cohérent, il disait ce qu'il fallait dire, mais il n'y croyait pas. Elle vérifia la page de titre où figuraient son nom et l'université à laquelle il appartenait. C'était bien ce qu'elle pensait. Cette faculté de philosophie était connue pour ses positions idéologiques : inutile même de postuler pour un emploi si l'on ne partageait pas son radicalisme. Ce pauvre homme servait donc un discours convenu, mais le cœur n'y était pas. Au fond, c'était un conservateur. Dans cet article, il attaquait la famille, en faisait une menace contre la liberté individuelle, une institution répressive. La ligne du parti, en quelque sorte. Lui aimait probablement sa famille, convaincu que le secret d'une enfance heureuse, c'est d'avoir un père et une mère. Dans certains cercles, il s'agissait d'une hérésie, en tout cas d'un point de vue *très* dépassé.

Elle termina l'article et écrivit un petit mot à l'auteur :

> Je vais transmettre votre article au comité de rédaction de la *Revue*. Je vais bientôt abandonner mes fonctions et vous aurez sans doute affaire à mon successeur, Christopher Dove, que vous connaissez peut-être. Je crois qu'il sera très favorable à la thèse que vous exposez dans cet article, il a

souvent soutenu des idées similaires. Vous me pardonnerez si je pense que vous n'êtes pas profondément convaincu de ce que vous avancez. Il arrive qu'une position défendable en théorie, fondée sur le principe des droits de l'individu et de l'égalité, soit en totale contradiction avec ce qu'on peut constater dans la vie. À savoir que la famille conventionnelle, fondée sur l'amour des parents, est le meilleur environnement pour l'épanouissement des enfants. C'est ce qui se passe depuis des milliers d'années. Ne faut-il pas prendre en compte l'expérience de milliers d'années ? Nous ne sommes pas suffisamment intelligents pour nous en passer. Certes, les enfants peuvent être élevés dans d'autres contextes où ils seront heureux, en sécurité et aimés. Mais cela ne veut pas dire qu'il faille condamner et donc affaiblir la famille traditionnelle, ce qui est votre propos ici. Croyez-vous vraiment que nous serions plus heureux en la rejetant ? Pardonnez ma franchise, mais j'en doute. Votre position ne fait que refléter l'idéologie dominante.

Elle lut et relut ce qu'elle avait écrit, se demandant si elle était vraiment sincère. Après tout, quel genre de famille avait-elle à offrir à Charlie et que voulait-elle au fond ? Elle reprit son stylo et effaça la dernière phrase. Mais la lettre n'avait plus de sens et les mots barrés restent des mots. Elle réduisit la feuille en boule et la jeta à la corbeille. Sur une nouvelle feuille à en-tête, elle écrivit ces quelques mots :

> Merci pour votre intéressant article, que je transmets au comité de rédaction. Le nouveau directeur de publication prendra contact avec vous.
>
> I. D., directrice.

Je suis aussi lâche que ce type, se dit-elle en quittant son bureau.

Isabel prit le bus à Bruntsfield, Charlie endormi comme un bienheureux dans le porte-bébé. Il avait eu son biberon et semblait n'avoir aucun embarras digestif. Isabel avait trouvé la potion miracle que Grace avait achetée et l'avait rangée dans l'armoire à pharmacie de la salle de bains du premier. Grace la retrouverait sans difficulté ; mais en la changeant de place, Isabel marquait au moins son territoire. D'ailleurs, Grace avait dû percevoir un peu de son irritation : avant de sortir Charlie dans le jardin pour le promener, elle avait dûment demandé la permission à Isabel. C'était bien la première fois.

Charlie dormait encore quand ils entrèrent à la Scottish Gallery. Guy Peploe et Robin McClure étaient en discussion avec un client, mais Guy vint tout de suite la saluer.

– Il est en bas. Suivez-moi, dit-il en se penchant

pour observer Charlie. Les miens grandissent si vite. On oublie le temps où l'on pouvait les transporter partout.

– Est-ce que vous utilisiez la potion au bicarbonate ?

– Il me semble, dit Guy après avoir réfléchi. Comme tout le monde. Ça a plutôt bon goût, si je me souviens bien, c'est un peu sucré.

– Autrefois on y mettait du gin, fit Isabel en souriant.

– Ah, la dégénérescence de la population !

Ils descendirent. L'étage inférieur comportait trois salles, dont deux consacrées aux verres et aux bijoux ; la troisième accueillait le surplus des expositions de l'étage au-dessus. En entrant dans la pièce du fond, Isabel repéra tout de suite le tableau, posé contre un mur sous une petite aquarelle de Blackadder, un bouquet d'iris violets.

– Voilà, dit Guy. C'est remarquable, non ?

Isabel était d'accord. Le tableau n'était pas aussi grand que celui de la vente aux enchères, mais, manifestement, il était plus beau. Guy le pensait aussi, elle en était sûre.

– C'est…

– Encore mieux, dit-il. Oui, encore mieux.

Elle s'approcha pour mieux voir. Le tableau représentait un jeune garçon dans une petite barque, au bord d'une grève. C'était un paysage écossais, qui lui sembla familier. Au-delà de la côte, les maisons basses, peintes en blanc, ressemblaient à celles des Highlands de l'Ouest, ou bien des îles. En toile de fond, une colline s'élevait parmi les nuages bas.

– On peut pratiquement sentir le feu de tourbe et le goémon.

– Et le whisky, dit Guy en désignant un petit groupe de bâtiments sur la gauche. C'est Jura, vous savez, comme l'autre. Vous voyez les bâtiments de la distillerie. Il y a même des tonnelets devant.

Isabel se pencha à nouveau pour étudier la scène. C'était bien Jura, voilà pourquoi cela lui semblait familier. Elle y avait fait plusieurs séjours chez des amis qui habitaient Ardlussa, au nord de l'île. Ce paysage représentait le sud, où se trouvait la seule distillerie de whisky.

– Qu'est-ce qui rend ce tableau si particulier? demanda-t-elle en se reculant.

– Tout, répondit Guy, les yeux toujours fixés sur le paysage. Tout s'y retrouve. Et il a réussi à capter l'atmosphère de l'endroit. Je ne suis allé qu'une fois à Jura, mais il y a cette lumière spécifique des îles occidentales, ce sentiment de paix. C'est unique. Ce n'est pas que je veuille tomber dans le romantisme...

– Non, bien sûr. Mais on ne peut nier que nous habitons un pays très romantique. Nous sommes habitués à ce décor si spectaculaire. Un vrai décor d'opéra.

Ils restèrent silencieux quelques minutes, admirant le tableau. Puis Isabel secoua la tête.

– Je ne sais pas, Guy. Je n'arrive pas à me décider.

Elle avait besoin de se justifier, même s'il ne faisait aucune pression sur elle.

– L'autre tableau avait une signification particulière pour moi. J'espère que vous me comprenez.

Il la rassura. L'acheteur potentiel le prendrait sans nul doute. Le tableau quitterait l'Écosse, bien sûr, mais c'était bien de partager…

– Pourtant il y a quelque chose d'étrange, vraiment étrange, ajouta-t-il.

– Celui-ci n'est pas verni non plus ? demanda Isabel, qui fronçait les sourcils.

Elle se pencha pour scruter la toile. Charlie, se sentant chavirer, fit entendre un petit murmure, comme un miaulement.

– Pas seulement. L'autre chose qui m'étonne, c'est que les deux tableaux arrivent sur le marché en même temps, en l'espace de quelques jours. C'est surprenant dans la mesure où il y a longtemps que le marché n'a pas vu de McInnes. Les gens ont tendance à les garder.

– Visiblement, ils ont décidé de vendre, dit Isabel. Ou bien ils sont morts et les héritiers s'en débarrassent. Des jeunes qui ne s'intéressent pas à ce genre de peinture, c'est facile à imaginer. Des scènes des Highlands, la mer, les montagnes : c'est très ringard. On n'a qu'à vendre et récupérer l'argent.

– D'accord, dit Guy, mais ces deux-là viennent de deux sources différentes.

– Qui ?

– Désolé, soupira Guy, je ne peux rien dire. Ne m'en veuillez pas, mais je n'ai pas le droit de révéler qui a mis celui-ci en vente. Les clients préfèrent que cela reste confidentiel.

– Bien sûr.

Naturellement, les gens n'ont pas envie que l'on sache qu'ils ont besoin d'argent. Mais si ce principe de confidentialité était respecté, comment Guy pouvait-il assurer qu'il n'avait pas la même provenance que celui mis en vente par Lyon & Turnbull ? Il anticipa la question :

– Vous vous demandez comment je sais qu'ils n'ont pas la même provenance ? Eh bien, notre client, ou plutôt notre cliente, nous a dit qu'elle ne savait rien de l'autre tableau. Sauf si elle nous ment, ce que je ne crois pas. D'ailleurs c'est impossible, ce n'est pas son genre.

– Je me demande d'où elle le tenait.

– En l'occurrence, je crois qu'elle l'a acheté à l'artiste lui-même juste avant sa mort. Il y a parfois une étiquette de galerie, ajouta Guy en se penchant pour écarter le tableau du mur. Regardez, il n'y a rien au dos, à part ces quelques mots ici. Quelqu'un a écrit au crayon : « Jura, les montagnes », et au-dessous : « Le garçon s'appelle James. » C'est bien l'écriture de McInnes. J'ai pu la voir sur nos étiquettes. Parfois il donnait des instructions de livraison ou bien indiquait l'endroit où il habitait. Ou bien des vers. Il aimait citer des passages étranges de MacDiarmid.

– MacDiarmid avait un penchant pour cette partie de l'Écosse, dit Isabel. *L'Enterrement sur l'île*, l'un de ses meilleurs malgré son côté extravagant. Il aimait choquer, vous savez ?

– Mais il pouvait…

– Oui, il avait le don de nous surprendre tous. Ce poème sur l'enterrement vous remue au plus profond.

Elle s'interrompit pour évoquer un souvenir :

– J'ai eu l'occasion d'assister à un enterrement sur une île. Une vieille cousine de mon père avait épousé un homme originaire de South Uist. Comme ils appartenaient à la congrégation des Presbytériens libres, il n'y a pas eu de prières. Tous ces hommes en costume noir, agglutinés, et le cercueil dehors. Ils ont chanté des psaumes étranges en gaélique. Ensuite ils l'ont enterrée en silence sous une pluie douce qui venait de l'Atlantique, et la lumière si caractéristique que l'on retrouve dans ce tableau.

Guy imaginait la scène. Il n'y avait rien à ajouter. Ce fut Isabel qui rompit le silence :

– Vous êtes absolument sûr que c'est un McInnes ?

– Oui, oui. Nous ne le mettrions pas en vente si nous n'étions pas sûrs. Robin et tous mes collègues pensent que c'est un vrai.

Isabel doutait qu'on pût jamais avoir de certitudes dans le monde de la peinture. On trouvait encore sur le marché de fausses estampes de Dalí, fabriquées presque en série, comme toutes ces reproductions réalisées sur commande dans des ateliers russes. Si l'on peut reproduire des toiles de maîtres pour deux cents dollars, on doit pouvoir faire quelque chose de très convaincant en y mettant le temps.

– Je vois que vous doutez encore, dit Guy. C'est vrai que certains faussaires font un travail très soigné. Mais quand on connaît bien l'œuvre des artistes, on ne peut pas s'y tromper. On les reconnaît comme on reconnaît la voix des gens. Bien sûr, la provenance est un élément fondamental. La personne qui nous a apporté ce tableau connaissait McInnes, nous le savons, et donc tout concorde.

– D'accord, je pensais tout haut, sans plus.

Guy reconnut que c'était naturel.

– Vous connaissez bien McInnes ? Vous savez comment il a fini ?

– Il s'est noyé, je crois ?

– C'est ça, au large de Jura. D'ailleurs, même sans la tragédie, sa vie était devenue très triste. Il avait eu une grande exposition ici, à Édimbourg, deux ans de travail, juste avant le festival. Un groupe de critiques de Londres avait fait le déplacement et décidé de le descendre en flammes, simplement parce qu'il avait osé déclarer, lors d'une conférence à la Tate Gallery, que les critiques de Londres ne s'étaient jamais intéressés aux peintres écossais. C'était dit avec courtoisie, mais il les accusait quand même de « métropocentrisme », et ça, c'est un crime pour les habitants de la métropole, et ils lui avaient fait payer au centuple. En représailles, ils l'avaient traité de paysagiste mineur et surestimé. L'un avait même intitulé son article « Un peintre amateur de province ». Ils faisaient de la surenchère contre lui.

Isabel était outrée, non pas de l'accusation d'amateurisme, mais du mot « province ».

– De province !

– Exactement. Et l'effet sur McInnes a été vraiment désastreux. Je l'ai vu le lendemain de la publication de ces critiques, assis tout seul devant un verre, au Club des arts. Je suis allé lui dire quelques mots, mais je ne crois pas qu'il y ait fait attention. Ses mains tremblaient. Il avait une mine de déterré.

– Pauvre homme ! lança Isabel en faisant la grimace. J'avais un ami qui avait le tort d'être à la fois auteur et susceptible. Les journalistes balancent leurs remarques acerbes sans se rendre compte du mal qu'ils font.

– Il n'y a pas que les journalistes. Pour McInnes, ce n'était pas seulement les mauvaises critiques. Le même jour, il a appris que sa femme avait une liaison. Tout lui est tombé dessus en même temps. Il était anéanti.

Isabel pensa soudain à Cat. La jalousie sexuelle est un sentiment puissant, et c'était ce que Cat ressentait envers Jamie, même si elle avait rompu. Et cette jalousie continuait de la tarauder.

– Et la noyade ?...

Elle ne finit pas la question. Était-ce vraiment un suicide ? Si l'on veut maquiller une mort en accident, la noyade est probablement le meilleur moyen. Il y a rarement de témoins. C'est facile à mettre au point, surtout dans un endroit comme l'ouest de l'Écosse, avec ses marées et ses courants. Une mort aussi solitaire, dans ces eaux froides au bord de l'Atlantique, qu'un enterrement en mer.

– Non, dit Guy, je ne crois pas qu'il se soit suicidé. Après ses ennuis ici, il a très vite quitté sa femme et il est venu se cacher à Jura, dans un cottage qu'il louait autrefois. Un peu comme Orwell écrivant *1984* à Jura. En tout cas, il y était depuis un mois quand l'accident est arrivé. Il sortait parfois en bateau, cela faisait partie de sa routine. C'est pour ça que je ne crois pas à la thèse du suicide.

Charlie, maintenant bien éveillé, fixait sur Isabel ce regard intense et un peu étonné des bébés.

– Il va falloir que je lui donne son biberon, dit-elle.

– Je vais vous trouver une chaise. Si cela ne vous ennuie pas, je dois remonter auprès de mes clients.

– Je vous en prie.

Il lui apporta une chaise et elle s'installa dans un rayon de soleil qui tombait d'une fenêtre du fond. C'est une scène à la Vermeer, se dit-elle. Femme et enfant.

– Une dernière chose, dit Guy. McInnes ne s'est pas suicidé. De mon point de vue, c'est pire. Il a été assassiné.

Isabel le fixa. On n'avait pas l'habitude de ce langage à Édimbourg.

– Assassiné ?

– C'est bien une forme d'assassinat par la critique, non ? Ils l'ont tué.

Elle fut soulagée qu'il ne s'agît pas d'un vrai meurtre, sordide et banal, mais du registre métaphorique, beaucoup plus intéressant.

CHAPITRE 7

– Désolé, j'ai oublié ma clé chez moi, dit Jamie quand elle lui ouvrit la porte d'entrée.

Elle lui avait confié une clé de la maison juste après la naissance de Charlie, en la glissant simplement dans sa main, sans cérémonie. Il l'avait d'abord ajoutée à son trousseau principal, puis l'avait détachée, pour une raison qu'elle ignorait. Elle s'était demandé s'il fallait y voir un symbole, avant de chasser l'idée : mieux valait ne pas accorder trop d'importance à de petites choses.

– Tu devrais mettre toutes…

Il se pencha pour l'embrasser et les mots s'arrêtèrent sur ses lèvres.

– Je sais, je sais. Où est Charlie ?

Celui-ci était allongé sur une couverture dans le petit salon, les yeux fixés au plafond sur une rosace de plâtre qu'il pouvait regarder longuement, fasciné. Pour Isabel, Charlie croyait y voir le ciel, et dans la rosace un nuage.

Jamie s'agenouilla en riant auprès de Charlie, qui leva les bras vers lui avec un petit gloussement de plaisir. Isabel les laissa jouer ensemble. Pendant qu'elle préparait le dîner, Jamie s'occuperait de Charlie et le mettrait au lit. Jamie aimait lui chanter des chansons pour l'endormir et Charlie semblait apprécier, écoutant son père, regardant ses lèvres bouger en ouvrant de grands yeux, calmé par le son de sa voix.

Rêves à vendre, beaux rêves,
Angus a des rêves à vendre.
Dodo, petit enfant, dors sans crainte,
Angus a un rêve pour toi, mon enfant.

Elle avait été clouée sur place la première fois qu'elle avait entendu Jamie chanter cette berceuse, émue aux larmes.

– Pourquoi est-ce que tu pleures ? avait demandé Jamie en se retournant.

Elle avait secoué la tête et bafouillé des paroles indistinctes sur la tristesse des berceuses.

– Ça me fait toujours cet effet-là, même la prière du soir dans *Hansel et Gretel*, tu sais ? « Quand, le soir, je me couche, quatorze anges veillent sur moi, deux à ma tête, deux à mes pieds... »

– Je comprends, avait-il dit en la prenant dans ses bras. Tu as bien le droit de pleurer avec tous ces anges, et Angus le marchand de rêves par-dessus le marché.

En préparant les légumes, elle se demandait aujourd'hui si ce qu'elle vivait était le bonheur parfait. Avait-elle jamais été aussi heureuse ? La réponse était négative. Elle avait connu le malheur, l'épisode John Liamor en particulier, mais elle pensait avoir eu une vie plutôt heureuse. Pourtant, depuis le début de sa relation avec Jamie, elle avait pris conscience d'un niveau supérieur de bonheur, elle aurait même pu dire de béatitude. Je suis bénie, et cela ne se résume pas à la possession, c'est un état d'esprit qui permet de voir et de comprendre tout le bien qui existe en ce monde. C'est une sorte de vision d'amour et de fraternité, où chaque créature a une valeur essentielle.

Elle resta immobile un moment. Les légumes sur la paillasse devant elle attendaient son couteau, mais elle ne bougeait pas. Sa main restait suspendue, comme paralysée. Elle sentait une sorte de vague de chaleur la submerger. Elle ferma les yeux, mais, étrangement, il n'y avait pas d'obscurité, tout n'était que lumière. Elle avait l'impression d'être baignée de lumière au-dehors et au-dedans.

Elle rouvrit les yeux sur le monde matériel ordinaire : les légumes, l'évier, la bouteille de vin qui n'avait pas encore été débouchée, le livre de recettes ouvert à la bonne page, les illustrations à l'encre, tout était là. Elle respira profondément. L'impression de chaleur qui l'avait envahie disparaissait ; elle se retrouvait à la même place. En bougeant le bras, elle touchait le granit froid du plan de travail. Tout était normal, mais elle se sentait différente, comme si le monde était devenu tout à coup un bien beaucoup plus précieux, comme si elle avait de l'amour à revendre. Elle débordait d'amour.

Une fois Charlie endormi, ils s'installèrent à table dans la cuisine. Elle avait préparé des coquilles Saint-Jacques accompagnées de risotto, un plat qu'il aimait. Il leva son verre de vin blanc frais à la santé d'Isabel :

– À la mère de Charlie !

Elle retourna le compliment en riant :

– À son père !

Elle baissa les yeux. Elle aurait aimé lui raconter l'expérience qu'elle venait de vivre pendant qu'il s'occupait de Charlie, mais n'arrivait pas à trouver les mots. *J'ai eu une expérience mystique dans la cuisine.* Impossible. Ce n'est pas mon genre, se dit-elle. Les gens appartiennent à deux catégories, ceux qui ont des expériences mystiques dans la cuisine et les autres.

– Quelque chose t'amuse, lança-t-il.

– Oui, c'est stupide.

– C'est quoi ? demanda-t-il en buvant une gorgée de vin.

– Il m'est arrivé un truc. J'ai eu un moment, disons, d'inspiration en préparant le dîner.

Il n'avait pas l'air surpris.

– J'ai vécu quelque chose comme ça l'autre jour. J'attendais un de mes élèves, et j'ai eu une inspiration, une idée de musique. Je l'ai tout de suite notée, mais quand je l'ai jouée après, c'était très décevant.

Ils ne parlaient manifestement pas de la même chose.

Elle avait eu tort d'utiliser le mot « inspiration ». Elle n'avait pas eu d'idées nouvelles, mais plutôt une vision, ce qui est différent. Le langage est mal adapté pour décrire de tels phénomènes. On se retrouve à parler des heures de choses après tout très ténues, comme dans les œuvres des mystiques, où la moindre illumination s'accompagne d'un nuage de mots.

Elle ne voulait pas avoir l'air idiote. D'ailleurs elle ne connaissait pas le point de vue de Jamie sur le sujet. Croyait-il à un monde surnaturel ? Ils n'en avaient jamais parlé, et elle n'en avait aucune idée. C'était sans doute fréquent dans les couples : qui donc pouvait avoir ce genre de conversation dans son milieu ? Elle passa ses amis en revue ; un ou deux étaient pratiquants et croyaient donc en Dieu. Ou, du moins, comme beaucoup de fidèles, ils voulaient y croire. Ils avaient besoin de religion, besoin de croire en un monde qui les dépassait. Jamie avait peut-être des convictions religieuses, il pensait peut-être avoir une âme. Il leva son verre et la regarda en souriant. Bien sûr qu'il a une âme, c'est la partie douce, aimante et généreuse de sa personnalité, je le sais.

– Nous avons reçu une invitation, dit-elle.

Immédiatement, elle se demanda ce qui lui avait pris. Ce n'était pas vraiment le meilleur moment, mais l'impulsion avait été spontanée, inattendue.

– Ah ?

Elle respira un grand coup. Après tout, elle venait

d'avoir une vision d'amour, ou quelque chose d'approchant, il lui fallait rester au diapason.

– Cat nous invite à dîner.

Elle l'observa attentivement. Les mots ont parfois une trajectoire visible, comme si un courant les portait jusqu'à leur cible. Elle se souvint tout à coup d'un procès auquel, jeune femme, elle avait assisté. Une de ses amies débutait au barreau et elle avait voulu la voir à l'œuvre. La scène avait été spectaculaire. Quand les jurés étaient revenus avec leur verdict, le juge s'était retourné pour faire face à l'accusé et avait simplement prononcé ces mots : « Six ans. » L'homme à la barre, comme poussé violemment par une main invisible, était tombé à la renverse.

Jamie posa son verre. Il n'y avait plus de lumière dans ses yeux, mais une expression neutre, presque méfiante.

– C'est gentil de sa part. Quand ?

– Elle n'a pas précisé, elle a laissé un message à Grace.

– Je vois.

– Si tu ne veux pas y aller, rien ne nous y oblige, dit-elle en jouant machinalement avec sa fourchette.

Cat comprendrait très bien. Ils avaient tacitement évité de parler de Cat, sachant tous deux qu'il vaut mieux ne pas raviver de vieilles blessures.

– Cette histoire, c'est du passé, dit-il en détournant les yeux.

Il ne disait pas la vérité. Si c'était le cas, il l'aurait

regardée en face. Jamie regardait toujours son interlocuteur en face. Pas ce soir cependant.

Isabel, blessée, le fixa intensément.

– Ce n'est pas vrai.

– Non, tu as raison, dit-il en levant les yeux vers elle.

– Tu l'aimes toujours ?

– Peut-être, répondit-il à voix basse. Peut-être. Tu sais ce que c'est.

– Bien sûr. Moi aussi, j'ai été amoureuse pendant des années. Même quand John m'a quittée, j'ai continué à l'aimer, bêtement, sans espoir. On ne peut pas s'en empêcher.

Il se leva soudain en repoussant sa chaise. Il avait renversé son verre d'eau et une tache sombre s'étendait sur la jambe de son pantalon. Il vint vers elle, s'accroupit et la prit dans ses bras.

– Tu ne crois pas qu'on peut aimer beaucoup de gens différents ? demanda-t-il d'une voix que l'émotion rendait rauque. Les gens qu'on aimait, on les aime toujours. Mais ils sont à l'arrière-plan et on aime ceux qui habitent le présent, plutôt que le passé. Tu ne crois pas ?

Elle lui prit la main et la serra. Béatitude ! Elle ne pouvait arriver à croire à cet état de béatitude. Ce jeune homme, si beau, si généreux, dans ses bras, à elle.

– Mais je le crois, dit-elle.

– Alors on y va ou non ?

– Je crois qu'il faut y aller. Cat, c'est ma famille. Je ne veux pas l'exclure de notre vie à tous les deux.

Il l'embrassa sur le front, puis sur les lèvres.
– D'accord.

Le courrier du lendemain lui apporta deux manuscrits qu'elle attendait avec impatience et elle se mit à les lire, avant même de finir de parcourir la pile de courrier, surtout des factures. Les articles étaient aussi intéressants qu'elle l'avait espéré ; elle écrivit immédiatement un petit mot de remerciement à leurs auteurs. Elle leur avait demandé à chacun une contribution sur le principe de l'impôt, sujet bien plus complexe qu'elle ne l'avait imaginé. Pourquoi les riches paieraient-ils davantage d'impôts que les pauvres ? C'est le cas presque partout, mais est-ce défendable ? Beaucoup de gens pensent que l'impôt doit servir à la redistribution des richesses, mais est-ce vraiment le meilleur outil ? Les gouvernements devraient peut-être avoir l'honnêteté de confisquer tous les biens au-delà d'un certain seuil. Elle imagina quelle serait sa réaction si le gouvernement faisait main basse sur ses biens à elle, pour les convertir en équipement militaire, en allocations familiales et en routes, ces investissements classiques. Le droit que j'ai sur mes biens est fragile, pensa-t-elle : le parent qui les possédait avant moi est mort, c'est tout. Le droit moral n'est pas très convaincant. Mais ainsi va la vie : les choses sont transmises, et pas seulement les choses, mais aussi les goûts, les qualités, les intuitions. Mozart aurait-il composé si son père Leopold ne l'avait pas assis tout petit sur un tabouret de piano ? Sans doute pas. Le génie, les prodigieuses capacités de ce cerveau auraient été présentes, mais inaccessibles, sans ce musicien de père pour les révéler. Et Getty, le milliardaire, avait tout hérité d'un autre Getty. Jamais il n'aurait trouvé du pétrole tout seul. Il n'aurait peut-être pas eu l'idée d'aller en chercher. Tout le monde ne ressent pas le besoin de se lancer dans une telle aventure.

Elle fut interrompue dans ses réflexions par un bruit qui venait de la maison. Grace n'était pas là ce matin. Isabel lui avait donné sa journée : elle avait rendez-vous chez le dentiste. Ce n'était pas simplement un geste généreux de la part d'Isabel. Grace se faisait dévitaliser une dent et Isabel savait par expérience que cela la mettait dans un triste état. Grace n'aimait pas les anesthésies dentaires et préférait supporter la douleur plutôt que cette durable sensation de paralysie qui accompagne ce genre d'intervention. Isabel trouvait cela bizarre, mais Grace n'en démordait pas. Isabel aurait pu le comprendre pour une intervention bénigne, mais ce travail de dévitalisation qui s'attaque directement au nerf est un vrai supplice. Elle savait que Grace aimait lui faire un compte rendu exhaustif de ses visites chez le dentiste et, franchement, elle n'avait pas envie d'écouter un long monologue sur les dents de Grace, surtout accompagné de toute la mauvaise humeur que Grace était capable de manifester quand elle le voulait. Demain, le souvenir de la douleur serait moins vif et Grace plus sereine.

Isabel avait donc Charlie à elle toute seule. Ce bruit, c'était le bébé qui, réveillé, s'était mis à pleurer. Elle laissa de côté les articles sur l'impôt et se rendit dans la pièce du fond où Charlie faisait la sieste l'après-midi. Il s'arrêta de pleurer à sa vue, et la regarda avec cet air étonné qui fait penser aux parents que leur enfant a oublié leur existence et qu'il les voit pour la première fois.

Elle le prit dans ses bras et lui fit un câlin. Il avait chaud, sa peau était un peu moite. Il se remit à gémir.

– Tu as faim, c'est ça ? Mais oui, bien sûr, c'est l'heure.

Il but son biberon goulûment. Elle lui fit faire son rot en le tenant contre son épaule et en lui tapotant le dos. En général, cela produisait un résultat immédiat et audible, et il se calmait. Cette fois-ci, il ne voulait pas de ses soins et gigotait dans ses bras, comme s'il désirait s'échapper.

– Ça ne va pas ? Tu ne te sens pas bien ?

Charlie répondit en se mettant à pleurer, tout rouge, les traits déformés de son visage exprimant une sorte de rage en mineur. Il n'avait pas besoin d'être changé, et Isabel commença à s'inquiéter. Elle avait beau savoir qu'il ne faut pas imaginer le pire, qu'un teint cramoisi n'est pas signe de méningite, que la diarrhée n'est pas la typhoïde, tous les parents passent par ces affres, du moins jusqu'à ce qu'on les rassure. C'est normal, se dit-elle, il a trop chaud, sa chambre n'est pas assez fraîche, il manifeste son mécontentement. Rien que de très banal.

Elle emporta Charlie dans la cuisine. Il aimait cette pièce, sans doute à cause des couleurs vives, le rouge du fourneau Aga, le bouquet jaune vif de la grande gravure au-dessus du réfrigérateur, les carreaux bleus et blancs des torchons. Mais il continuait à gémir, insensible à l'attrait des couleurs.

– Allons, Charlie, ce n'est pas si grave que ça.

Mais si, c'était grave ; il se remit à sangloter à pleins poumons. Encore une fois, elle le dressa contre son épaule et lui tapota le dos, cherchant à déplacer l'air qui devait le déranger. Cela ne réussit qu'à accroître son désespoir et elle s'arrêta. La potion !

Elle allongea Charlie sur le sol dans le petit parc qui se trouvait dans un coin de la cuisine. Il protesta en hurlant contre cet outrage, refusant d'être consolé par les douces paroles d'Isabel. Puis elle monta à la salle de bains du premier, abandonnant Charlie à sa colère, et ouvrit la porte du meuble à pharmacie.

Il y avait bien la bouteille de sirop, la boîte de pansements, l'aspirine et le thermomètre, mais pas de potion. Isabel ne comprenait pas. Elle l'avait mise là, derrière le sirop, elle en était sûre, et elle n'y était plus. Ce qui voulait dire que Grace l'avait trouvée et l'avait changée de place.

Isabel sentit la colère monter. Grace avait dû chercher le flacon, et ensuite décidé de le ranger ailleurs : elle n'en avait pas le droit. C'était le placard d'Isabel, elle seule décidait de ce qui devait s'y trouver.

Charlie protestait toujours et ses gémissements montaient de la cuisine.

– Je viens tout de suite, Charlie, j'arrive.

Le son de sa voix sembla le rasséréner : il se tut. Et s'il s'était étouffé ? Elle se mit à descendre l'escalier quatre à quatre. Non, il ne s'était pas étouffé. Quand elle arriva dans la cuisine, il se remit à pleurer en agitant les bras dans tous les sens, plein d'une fureur impuissante, le visage écarlate. Il se calma un peu quand elle le prit dans ses bras, mais, manifestement, il n'était toujours pas bien.

– Qu'est-ce qui ne va pas, mon amour ? Qu'est-ce qui ne va pas ?

Charlie sembla l'écouter, s'arrêta de pleurer un instant et reprit de plus belle. Tant de choses n'allaient pas, semblait-il vouloir dire, et tout cela, c'était sa faute à elle.

Elle décida de lui donner de l'aspirine pour enfants. Elle en avait une bouteille dans un placard de la cuisine, rangée avec le lait de Charlie et les biberons de rechange. Elle installa doucement le bébé sur son bras, ouvrant le placard de sa main libre. Là, près des biberons, la potion trônait, avec son étiquette démodée caractéristique. Isabel eut un sourire entendu : c'était bien Grace la fautive, elle ne s'était pas trompée.

Au moment de sortir l'aspirine, elle se ravisa et sortit le satané flacon. Elle retira le couvercle et renifla le liquide un peu visqueux, incolore, qui répandait l'odeur florale artificielle d'un parfum bon marché. Ce n'est pas désagréable, se dit-elle. Elle eut soudain l'idée de mettre la bouteille ouverte sous le nez de Charlie. L'effet fut spectaculaire et instantané, comme avec ces sels que l'on administrait aux demoiselles victoriennes en pâmoison. Les pleurs s'arrêtèrent et Charlie essaya faiblement de saisir le flacon.

Isabel sortit une petite cuillère du tiroir, la posa sur le plan de travail près de l'évier. C'était difficile de verser le liquide d'une seule main car elle avait gardé Charlie blotti contre elle, et elle répandit quelques gouttes. Elle arriva néanmoins à ses fins, d'une main qui ne tremblait pas. Elle manœuvra ensuite la cuillère dans la bouche de Charlie, dont le visage se détendit aussitôt. Fini, les larmes.

– Mon petit drogué adoré, murmura-t-elle.

Encore une fois, elle examina la bouteille et lut la liste des ingrédients. Gingembre, fenouil, aneth, tout cela en vente libre dans les supermarchés. Elle chercha le mot tabou, « sucre », en vain. Et il n'y avait pas d'alcool non plus. Rien que de très inoffensif.

Charlie se calma et se rendormit après une promenade au jardin. Isabel le remit dans son berceau et retourna dans son bureau pour lire le reste du courrier de la matinée. Elle avait été distraite par la lecture des deux articles et par Charlie, et n'avait pas remarqué qu'il y avait une lettre du professeur Christopher Dove. C'est en l'ouvrant et en voyant le papier à en-tête qu'elle sut qui était l'expéditeur. Vous m'écrivez, Dove. Non seulement vous me prenez ma place, mais en plus vous osez m'écrire.

Elle s'installa pour lire la lettre :

Chère Miss Dalhousie *{j'ai le titre de docteur, Dove, même si je ne l'utilise pas, vous auriez pu avoir la courtoisie de vous en souvenir}*,

Je présume que vous avez reçu une lettre du professeur Lettuce sur les changements qui vont être apportés à la *Revue*. *{Dove, c'est votre idée, tout ça.}* Le conseil d'administration m'a demandé d'assumer la direction. J'ai naturellement hésité à accepter un poste qui avait été si admirablement servi par une autre. *{Vous m'écœurez.}* Néanmoins j'ai répondu que j'étais prêt à remplir ces fonctions.

Je suis conscient que nous avons un programme portant sur plusieurs numéros, y compris un numéro spécial sur le principe de l'impôt. Sans vouloir intervenir prématurément, je ne suis pas sûr du bien-fondé de numéros spéciaux aussi nombreux, surtout dans des domaines aussi étroits que l'impôt. Mon opinion est qu'il ne faut pas perdre de vue *{en clair, « je pense », maugréa Isabel}* que nous sommes surtout une revue généraliste. Comme vous le savez, il y a des publications plus spécialisées, en particulier celles qui traitent de l'éthique de l'entreprise, qui sont mieux à même que nous d'aborder un sujet comme l'impôt. *{Au fait, Dove,* *au fait !}* C'est pour cette raison que je souhaiterais revoir avec vous la maquette de ce numéro.

Il me semble qu'il vaudrait mieux discuter de ce genre de problèmes de vive voix. On m'a appris que vous veniez d'avoir un bébé – félicitations ! – et il serait plus facile pour moi de venir à Édimbourg que pour vous de venir à Londres. Si vous voulez me dire quelle date vous arrange, je ferai le voyage. Nous pourrons ainsi régler les détails de la passation de pouvoirs, et j'aurai l'occasion de jeter un œil sur les archives. Il faudra que nous arrangions quelque chose pour transférer ces archives à un moment donné. J'ai de la place dans mon département. Si incroyable que cela paraisse, nous avons des placards vides, mais je ne l'ébruite pas, au cas où les autorités décideraient de les transformer en bureaux pour universitaires débutants ! *{Une plaisanterie.}*

La lettre concluait par quelques amabilités. Après l'avoir lue, Isabel la regarda un moment, puis la roula en boule et la jeta à la corbeille. À sa grande surprise, elle réussit du premier coup, comme un ballon de basket adroitement lancé. Mais immédiatement elle se sentit coupable, alla récupérer la lettre dans la poubelle et essaya de lui redonner forme. Je ne vais pas m'abaisser au niveau de Dove. Pas question.

Elle retourna s'asseoir à son bureau, prit une feuille de papier.

> Cher professeur Dove,
> J'ai été contente d'avoir de vos nouvelles. Je serai ravie de vous voir à Édimbourg. Je note ci-dessous les dates où je suis libre et où nous pourrions nous rencontrer. Je dois néanmoins vous prévenir que les archives occupent un volume important et nécessitent un grand espace.

Elle s'arrêta et regarda dehors, indécise. Oserait-elle ? Elle se remit à écrire :

> Je me dois aussi de vous prévenir qu'en tout état de cause je considère que ces archives sont ma propriété pleine et entière.

Elle relut ce qu'elle avait écrit. Sur la propriété des archives, elle avait peut-être tort. Une partie lui appartenait, par exemple les lettres qu'elle avait reçues en tant que directrice de publication, et qui avaient souvent un caractère personnel. Il y avait aussi les copies des lettres qu'elle avait envoyées, faites sur un papier fourni par elle. Aucun doute là-dessus. En tout cas, il s'agissait d'un coup de semonce nécessaire.

Elle signa la lettre, la glissa dans une enveloppe et colla un timbre. Un timbre très simple, presque austère, la tête de la souveraine. Votre Majesté est souvent mêlée, bien involontairement, en vertu de l'autorité tranquille qui émane de son effigie, à nombre de lettres tristes ou scandaleuses, lettres de rejet, de menace, lettres d'hommes de loi, lettres anonymes… Elle s'arrêta là. Sa missive à elle était courte et digne, le genre de lettre que la reine écrirait sans doute à un Premier ministre qui voudrait usurper son autorité. Non, cette lettre n'avait pas besoin d'autre justification : elle serait postée, Dove la recevrait dans son université obscure et il faudrait bien qu'il en digère le continu, du moins elle l'espérait.

Soyez très prudent, Dove. Vous risquez d'aller trop loin. Soyez très prudent quand vous viendrez à Édimbourg.

Elle se leva pour se diriger vers la fenêtre. Elle jeta un coup d'œil au jardin, au massif de rhododendrons, immobile. Il n'y avait pas d'oiseau, semblait-il, ni de renard rôdant sous les branches. Et si Dove venait à Édimbourg et qu'*il lui arrive quelque chose* ? Que se passerait-il alors ?

Le mal est en chacun de nous, se dit-elle, dans les moindres recoins de notre esprit, dans ces profondeurs où résident encore les vestiges de notre atavisme primitif. Inutile de prétendre le contraire. Il est bien là, recouvert d'un vernis de civilisation et de moralité. Avant Mozart, Hume et Auden, il y a le « moi » cruel de l'homme des origines.

Avec un léger choc, elle se souvint d'une chose à laquelle elle n'aimait pas penser. Auden avait failli tuer un homme. En proie aux affres insupportables de la jalousie, il avait essayé d'étrangler son amant. Il avait écrit à ce sujet, racontant qu'il était presque devenu un assassin. Si cela pouvait arriver à une intelligence aussi immense et aussi généreuse, comment donc les faibles humains que nous sommes, esclaves de nos passions, pourraient-elles y échapper ?

Non, non, professeur Dove, je ne vous ferai pas de mal. Quand vous arriverez à Édimbourg, j'aurai maîtrisé ma colère. Je vous aimerai, professeur Dove, parce que j'en ai le devoir. Ou, du moins, je l'espère du fond du cœur.

Chapitre 8

– Ne m'en parlez pas, déclara Grace le lendemain matin. Ne m'en parlez pas !

Isabel n'avait aucune envie de discuter des épreuves dentaires de Grace. Pourtant elle comprit vite que Grace, en dépit de ses déclarations, ne désirait rien tant que de s'épancher.

– Oui, dit Grace en ôtant le foulard qu'elle mettait sur sa tête pour venir travailler, moins on en parle, mieux ça vaut.

Isabel leva les yeux des mots croisés du *Scotsman*. Quelle définition trouver pour « dévitalisation » ? « Extermination de la pulpe » ?

– Ç'a été très douloureux ?

– Terrible, répondit Grace. Il a essayé de m'anesthésier, mais j'ai refusé. Il m'a prévenue que ça ferait très mal, mais je n'ai pas cédé. Je ne peux pas supporter ce produit, je ne sais plus ce que c'est...

– De la novocaïne, dit Isabel.

Quelle définition pour « novocaïne » ? « Nouveau

type de cocaïne » ? Ce n'était pas très bon, mais elle ne trouvait rien de mieux.

– Oui, c'est ça. Vous savez que je ne supporte pas cette sensation d'avoir le visage tout gonflé, comme si on avait reçu un coup de poing dans la mâchoire. Très peu pour moi !

– Oui, mais sans…

– Je supporte bien la douleur, coupa Grace. Je n'ai jamais reculé. Mais cette fois-ci c'était vraiment dur. Il a fallu qu'il charcute au fond de la racine : c'était comme si on avait fait passer un courant électrique. Horrible.

Elles restèrent silencieuses un moment, Grace se souvenant de la douleur, Isabel méditant sur son omniprésence. C'est comme si la vie flottait sur un océan de souffrances, qu'on apaise pour un temps, mais qui reviennent de plus belle.

– Vous comprenez, ce qu'il a dû faire, c'est aller chercher le nerf au fond de la racine. Vous imaginez ? J'avais l'impression qu'il tirait sur un morceau d'élastique. Vous vous rappelez l'élastique que l'on mettait dans les culottes autrefois ?

– Je ne crois pas que les nerfs soient élastiques, dit Isabel. Je ne crois pas que l'on puisse réellement les voir, mais ça ne ressemble pas à de l'élastique, ni à des fils d'ailleurs.

– Alors à quoi ça ressemble ? demanda Grace en ouvrant de grands yeux.

– C'est une sorte de tissu, un peu comme…

Elle s'arrêta en haussant les épaules. Elle n'avait jamais vu un nerf de sa vie.

– Peu importe, fit Grace. Je l'ai bien senti. Et maintenant rien du tout. Je peux mastiquer de ce côté-là et je ne sens rien.

– Les dentistes sont des bienfaiteurs de l'humanité, dit Isabel. Je crois qu'on n'en a pas suffisamment conscience. On ne les remercie pas assez.

Avait-on jamais élevé une statue à un dentiste ? Pas à sa connaissance. C'était une erreur. D'un côté on a toutes ces statues de généraux et d'hommes politiques qui ont déclaré des guerres et causé la perte de vies humaines, et de l'autre rien pour commémorer les dentistes et leur combat contre la douleur ! C'est injuste.

Mais qui prendrait une statue de dentiste au sérieux ? Difficile d'imaginer au centre d'une petite ville une statue équestre en bronze d'un dentiste éminent sans y associer des quolibets. Il y avait, bien sûr, le précédent de sainte Apolline, patronne de ceux qui souffrent de rages de dents. Elle avait lu quelque part que l'ordre des dentistes britanniques abrite en son siège une petite statue de cette sainte.

– Qu'est-ce qui vous fait sourire ? demanda Grace.

– Quelque chose de drôle. Je me disais qu'on n'a pas élevé de statue aux dentistes, autant que je sache, du moins en Écosse. Peut-être ailleurs, je ne sais pas. C'est injuste, vous ne trouvez pas ?

– Tout à fait, répondit Grace. Mais vous savez, la dévitalisation…

Le téléphone sonna et Isabel se leva pour répondre.

– Isabel ?

– Bonjour, Peter.

– Je sais que tu es en train de faire les mots croisés, dit Peter Stevenson, et je ne voudrais pas te déranger. Mais j'ai une nouvelle qui va t'intéresser. Tu es d'humeur à écouter ?

– Je suis toujours prête à apprendre des nouvelles intéressantes, répondit-elle, intriguée.

Isabel, qui avait gardé le *Scotsman* à la main, le posa sur le plan de travail. La grille n'était pas très difficile ce jour-là, elle s'y remettrait plus tard. Peter n'étant pas du genre à parler pour ne rien dire, l'objet devait être d'importance.

– Ton tableau, dit-il. Celui que tu voulais acheter à la vente Lyon & Turnbull, le paysage d'île quelque part à l'ouest, tu te souviens ?

Elle se dit qu'il avait peut-être découvert quelque chose de nouveau. Est-ce que cela valait vraiment un coup de fil ?

– Oui, le McInnes.

– C'est ça. Est-ce que tu le veux toujours ?

– Je le voulais, évidemment, sinon je n'aurais pas enchéri, répondit-elle, perplexe.

– Oui, évidemment, coupa Peter. La question, c'est de savoir si tu le veux toujours. Parce que, si oui, il est à toi pour le prix payé par l'acquéreur, pas un sou de plus.

Elle ne sut quoi répondre. Le voulait-elle encore ou

bien son enthousiasme s'était-il émoussé en voyant le tableau aller à un autre ?

– Je sais qu'il te faudra un temps de réflexion, dit Peter. Quand tu auras réfléchi, pourquoi ne pas venir prendre le thé avec Susie et moi cet après-midi ? Nous pourrions en discuter. De toute façon, Susie veut te voir. Elle dit qu'elle ne t'a pas vue depuis... depuis la naissance, en fait. Elle aimerait bien voir Charlie, et toi aussi évidemment.

Elle accepta l'invitation. Elle prendrait sa petite voiture suédoise verte, ou bien ils iraient à pied, ce qui était sans doute plus responsable. Depuis qu'on parlait tant du réchauffement climatique, elle se sentait coupable, même si, pour certains, être propriétaire d'une petite voiture suédoise, c'était pratiquement un manifeste politique. Une voiture suédoise n'a à rougir de rien : elle n'avait jamais été utilisée par les officiers d'état-major d'une armée d'occupation, elle était fabriquée par des ouvriers bien payés qui jouissaient d'une protection sociale exceptionnelle, elle n'était ni tape-à-l'œil, ni grosse consommatrice d'essence. Mais c'était quand même une voiture, et les voitures détruisent la planète. Cet après-midi, elle prendrait la poussette pour aller chez les Stevenson, et son bilan carbone serait presque nul.

Ce fut Peter qui ouvrit la porte de West Grange House.

– Tu es venue comment ? demanda-t-il. Je ne t'ai pas entendue. En voiture ?

– Oui, en voiture, dit-elle en désignant sa voiture garée non loin. Je ne voulais pas, mais j'ai fini par la prendre.

– Je vois, fit-il en souriant. Le chemin de notre maison est pavé de bonnes intentions.

– Et aussi de romans-feuilletons mis au pilon. Tu savais que ça fait une base idéale pour les revêtements de route ? Ils les débitent en tout petits morceaux, ensuite ils les compressent et ça donne une excellente sous-couche pour le macadam.

– Je ne le savais pas. Mais pourquoi les feuilletons particulièrement ? Pourquoi pas, je ne sais pas, moi, des vrais romans et même Proust ?

À y réfléchir, un certain nombre de romans dits sérieux feraient l'affaire à merveille. Elle pensait à un auteur dont la prose lui semblait particulièrement bien adaptée à cet usage. Elle ne voulait pas en parler à Peter, qui risquait de la trouver injuste. Elle essaya de chasser ces pensées peu charitables, mais c'était plus fort qu'elle. Quelle vision ! Des piles d'exemplaires de son dernier roman menacées d'anéantissement par l'avancée d'un rouleau compresseur…

– Ça marche avec n'importe quel livre, dit-elle. Même des numéros de la *Revue d'Éthique Appliquée.* Comme ça, les gens pourraient carrément rouler sur mes éditoriaux, ce qu'ils ont sans doute envie de faire depuis longtemps.

Mais combien de personnes lisaient ses éditoriaux ? Cinquante ? Cent ?

– Pas moi, cela m'ennuierait de rouler sur toi.

Ils entrèrent dans le hall. Susie descendait l'escalier pour venir à leur rencontre. Elle se dirigea droit vers Charlie et lui planta un baiser sur le front. Charlie regarda cette étrangère en louchant un peu.

– Tu lui plais, déclara Isabel. Regarde, il te fait un sourire.

– Non, c'est une plaisanterie secrète, dit Susie.

– Qu'il ne nous racontera pas avant plusieurs années, ajouta Peter.

Ils se rendirent dans la cuisine, une longue pièce confortable au fond de la maison. Il faisait beau ce jour-là et par les fenêtres ouvertes arrivait l'odeur de l'herbe fraîchement coupée. Une théière et des tasses étaient disposées sur la table, le blanc de la porcelaine tranchant sur le bleu profond de la nappe. Susie prit Charlie et l'assit sur ses genoux en le soutenant, pendant que Peter préparait le thé.

– Tu as de la chance, dit Susie.

Isabel se demanda de quoi elle parlait au juste, avant de comprendre qu'il s'agissait de Charlie, de sa simple existence. Oui, elle était doublement bénie : Jamie d'abord, et ensuite Charlie.

– C'est vrai, j'en suis bien consciente.

– Bon, parlons du tableau maintenant, dit Peter en tendant une tasse de thé à Isabel. Je t'avais dit qu'il avait été acheté par Walter Buie ? J'étais tout près de lui pendant la vente.

– Oui, tu me l'as dit. J'avais oublié le nom, mais tu m'as dit qu'il est avocat, c'est bien ça ?

– C'est ça. Il habite Hope Terrace, tout près, dans une jolie maison qui appartenait à ses parents. Walter, c'est le genre à mourir dans la maison où il est né. Du moins c'est ce qu'il dit.

– Ce n'est pas une mauvaise idée, répondit Isabel.

Elle aussi faisait partie de cette catégorie. Dans sa jeunesse, elle avait naturellement quitté le foyer paternel, mais elle était revenue vivre dans la maison qu'elle habitait enfant. En serait-il de même pour Charlie ? C'était peu probable dans le monde fluide et ouvert d'aujourd'hui. Elle regarda son fils en pensant que pour la première fois il était vital pour elle que le monde ne changeât pas trop vite.

– Enfin, bref, continua Peter en souriant à Charlie qui agitait ses mains avec enthousiasme, j'ai rencontré Walter aujourd'hui en promenant Murphy. Il était de l'autre côté de la rue. Le chien de Walter est un animal affreux, marron au poil sale, qui est la terreur des chats du quartier. J'évite que Murphy s'approche de lui, mais voilà qu'hier Murphy et Basil, c'est le nom du chien de Walter, se sont fait fête comme s'ils étaient de vieilles connaissances. J'ai eu l'occasion de m'arrêter pour échanger quelques mots avec Walter pendant que les chiens faisaient ami-ami. Je lui ai dit que je l'avais vu à la salle des ventes et je lui ai demandé s'il était content de son achat. Walter m'a dit qu'il ne l'avait pas encore accroché. J'ai alors fait la remarque qu'une amie à moi avait voulu l'acheter. C'était curieux que deux personnes de ma connaissance aient envie du même tableau en même temps.

Peter fit une pause. Susie rendit Charlie à Isabel pour remettre de l'eau dans la théière.

– C'est un bébé heureux, dit Peter. Tu dois être aux anges.

– Oui, fit Isabel en installant Charlie confortablement sur ses genoux.

– Mais revenons à Walter. Quand je lui ai dit que tu voulais acquérir le tableau, il est resté songeur. Manifestement, une idée lui trottait dans la tête. Il lui a fallu une minute avant de réagir. Et voici ce qu'il m'a dit : « Si elle le veut, je le lui vends au prix que j'ai payé, pas tellement au-dessus de la dernière enchère qu'elle a faite. » Je lui ai dit que je te transmettrais son offre.

Isabel fronça les sourcils. Ce qu'elle n'arrivait pas à comprendre, c'est qu'il veuille s'en débarrasser si peu de temps après s'être battu pour l'avoir. Y avait-il un problème avec le tableau ? Ou bien s'était-il aperçu, une fois chez lui, qu'il ne lui plaisait pas vraiment parce qu'il jurait avec le papier peint ?

– Je sais ce que tu penses, dit Peter. Moi aussi, je me suis demandé pourquoi il voulait s'en défaire si vite. Quand je lui ai demandé s'il ne lui plaisait plus, il a dit que ce n'était pas la raison. Simplement, il n'éprouvait plus le même désir que le jour de la vente. Enfin, c'est ce qu'il a déclaré.

– De l'altruisme, en quelque sorte.

– Exactement.

– Mais si c'est vrai, intervint Susie, qui jusque-là n'avait rien dit, alors pourquoi enchérir contre Isabel pendant la vente ? Il avait dû se rendre compte qu'elle le voulait vraiment.

– Il faut du temps à l'altruisme pour se manifester, dit Isabel. C'est plus tard qu'on change d'avis, tu ne crois pas ?

– Peut-être, répondit Susie, sceptique. Je n'ai pas l'impression que ce soit le cas ici. Il y a quelque chose qui cloche.

– Moi, je ne crois pas, dit Peter. Walter, c'est quelqu'un de très droit, cela lui ressemble tout à fait. Il est…

– De la vieille école. Je ne veux pas être méchante, mais c'est pourtant ça, il est de la vieille école, dans la tradition d'Édimbourg.

La tradition d'Édimbourg… Isabel savait exactement ce qu'elle voulait dire. Elle s'en moquait autrefois, ou s'en irritait. Aujourd'hui, dans un monde changé, elle n'était plus aussi sûre de la trouver ridicule. Cette image d'Édimbourg en vieille tante calme et posée, un peu collet monté, était une cible facile. Mais peut-être le balancier était-il allé trop loin dans la direction opposée. Les bonnes manières à l'ancienne, la courtoisie, tout cela avait été balayé et remplacé par l'indifférence et la froideur. Les gens n'en étaient pas plus libres pour autant, moins sans doute, car l'espace public était devenu plus dangereux, plus menaçant.

– C'est vraiment gentil de sa part, dit Isabel.

Peter approuva en hochant la tête cette interprétation charitable.

– Je trouve. Et, en plus, je crois que tu devrais accepter, si tu veux encore le tableau. C'est important de savoir accepter ce que l'on vous offre. Les gens savent offrir, mais il n'y en a pas beaucoup qui sachent accepter aimablement.

Isabel lui jeta un coup d'œil et Peter se hâta de poursuivre en rougissant :

– Je ne parle pas pour toi, bien sûr. Je suis certain que tu sais accepter.

Isabel n'en était pas aussi sûre. En y réfléchissant, elle n'était pas vraiment douée pour recevoir des cadeaux. Elle se sentait coupable à l'idée qu'on avait dépensé de l'argent pour elle. D'où venait ce sentiment ? De la crainte qu'on ne se donne du mal pour lui faire plaisir ? C'était ridicule. Elle se souvint brusquement de ce ministre écossais si bien élevé à qui l'on avait attribué un chauffeur femme et qui tenait à lui ouvrir la portière de la voiture. On en avait ri, mais c'était révélateur des qualités morales de ce ministre, à l'opposé de cette arrogance que l'on voit parfois chez ceux qui se retrouvent en position de pouvoir.

C'était une proposition qu'il fallait accepter. Mais tenait-elle toujours autant à avoir le tableau ?

– Rien ne t'y oblige, dit Peter qui avait perçu son

hésitation. Tout le monde a le droit de changer d'avis.

– Je ne sais pas, je ne sais vraiment pas.

– Tu veux le revoir ? Walter m'a dit qu'il serait heureux de te rencontrer. On pourrait y passer maintenant.

– Mais si je dis non, ce sera embarrassant.

– Pas du tout. Tu as le droit de dire non si tu n'en veux plus. Tu n'as qu'à lui dire que tu as changé d'avis.

Elle hésitait encore, mais Susie lui proposa de garder Charlie s'ils voulaient aller chez Walter, qui habitait juste à côté. Elle finit par accepter, en partie par curiosité au sujet de Walter Buie. Elle se sentait coupable d'être aussi curieuse, mais rien à faire, elle ne pouvait s'en empêcher.

La rue était complètement déserte.

– Nous serons devant sa grille dans un instant, dit Peter en indiquant le bout de Hope Terrace. Cette allée sur la droite, c'est chez lui. Walter a une très vieille Bentley. Parfois on la voit émerger du portail, centimètre par centimètre, c'est un spectacle magnifique. Walter participe à des rallyes, apparemment. Il m'a invité une fois, mais cela ne m'intéresse pas de passer des heures dans un champ avec des tas d'autres gens sous prétexte qu'ils ont une vieille Bentley.

Cela n'intéressait pas Isabel non plus, même si elle comprenait qu'ils aient envie de se retrouver entre eux.

– Ils parlent de Bentleys, j'imagine. Moi, je vais bien à des conférences de philosophie. Nous aussi, nous passons des heures à discuter, pas en plein air, certes, mais enfin c'est la même chose.

– Drôle de goût !

Ils étaient arrivés. Un portail à deux vantaux de bois dans un mur d'enceinte en pierre fermait l'accès sur la rue, mais Peter poussa une petite porte latérale. Ils entrèrent dans un jardin clos, où se trouvait une serre. Au fond s'élevait une maison géorgienne typique de ce quartier de la ville, dont la pierre couleur miel avait vieilli de façon inégale, ce qui lui donnait un aspect tacheté assez pittoresque. Les fenêtres de la façade, avec leurs moulures peintes en blanc, contribuaient à l'harmonie de cette architecture géorgienne. Le soleil faisait étinceler les vitres dans des tons or et argent.

Isabel fut tout de suite conquise par la maison, ou du moins ce qu'elle pouvait en voir.

– Elle est belle. Le rapport est de 1 sur 1,618.

Peter lui lança un regard interrogateur.

– C'est le nombre d'or : si l'on mesure la hauteur et la largeur des fenêtres, le rapport serait celui-là : 1 sur 1,618, ou à peu près.

– Ah oui, c'est vrai, dit Peter.

– La plupart des constructions classiques d'Édimbourg répondent à cette règle. Les victoriens sont arrivés après et ils ont imposé le style néo-gothique partout.

– Ta maison est très jolie, protesta Peter, et elle date de l'époque victorienne.

– Je ne la renie pas, dit Isabel. Mais elle est le

produit de son époque. Les plafonds sont un peu trop élevés pour la largeur des pièces. Je ne passe pas mon temps à y penser, pourtant c'est vrai.

Ils remontèrent l'allée. Peter avait téléphoné et Walter les attendait. Devant la porte d'entrée, Peter appuya sur le petit bouton de porcelaine serti dans une plaque de laiton à gauche, sur laquelle on lisait : « Poussez, SVP. » La tradition, encore une fois. Aujourd'hui on se contente d'un « Poussez » plus péremptoire.

Walter Buie ouvrit la porte. Isabel avait imaginé un homme de cinquante à soixante ans, mais il avait juste la trentaine. De grande taille, il avait une chevelure épaisse et bouclée blond cendré. Le visage très volontaire et le regard bleu perçant annonçaient le type scandinave, qu'on rencontre encore au nord et à l'ouest de l'Écosse.

Il tendit la main à Isabel.

– Nous avons failli nous rencontrer, dit-il en nommant un ami commun.

Ils échangèrent une poignée de main et Walter les fit entrer dans un grand hall très clair. Peter ne s'était pas trompé, il y avait quelque chose de formel dans sa façon de parler et dans ses gestes : la tradition d'Édimbourg. Mais il avait aussi quelque chose de moderne, une sorte de fraîcheur, un côté sportif qui semblaient contredire le formalisme de ses manières. Autant c'était difficile de l'imaginer abandonnant un cabinet d'avocats d'affaires, autant c'était facile de l'imaginer au volant d'une Bentley de collection.

Walter les mena jusqu'au salon, une pièce parfaitement proportionnée. À une extrémité, du plafond presque jusqu'au sol, le mur était percé de trois grandes fenêtres. Le long d'un autre mur trônait une cheminée en marbre blanc, où était disposée une paire de vases de Chine de la famille rose, de chaque côté d'un cheval Tang. Devant le foyer en marbre se trouvait une petite table en bois doré, où étaient empilés journaux et magazines. Isabel déchiffra discrètement les titres : *Burlington Magazine*, *Art Quarterly*, et un troisième qu'elle ne put lire.

Elle jeta un coup d'œil circulaire aux autres murs. En face de la cheminée, dans un large cadre noir, un très grand nu de Philipson ; de part et d'autre, deux portraits qui semblaient être de Ferguson, représentant des femmes aux chapeaux extravagants ornés de plumes d'autruche. Et puis, sur un autre mur, au-dessus d'une longue bibliothèque blanche, deux tableaux de taille moyenne qu'elle reconnut immédiatement.

– Oui, dit Walter qui avait vu la direction de son regard, ce sont aussi des McInnes, très précoces en fait. Quand il les a peints, il n'était pas encore marié, il venait juste de prendre l'habitude d'aller peindre sur l'île de Jura. Pourtant il avait déjà le style de sa maturité. C'est ce qui l'a fait remarquer.

Puisque Walter avait lui-même fait allusion aux tableaux, Isabel se sentit libre d'aller les regarder de plus près. On a un rapport étrange avec les possessions des autres. On ne peut pas se mettre à fouiner ostensiblement lorsqu'on entre dans une pièce : inspecter les titres de la bibliothèque ressemble trop à une tentative pour cerner les goûts des occupants. Il n'en va pas de même pour les tableaux. Si on les accroche, c'est pour qu'ils soient vus, y compris par les invités. D'ailleurs beaucoup de collectionneurs tiennent absolument à ce que l'on voie leurs toiles : c'est la raison pour laquelle les noms connus atteignent des cotes aussi élevées. Non qu'ils procurent nécessairement plus de plaisir que les autres, mais c'est un signe extérieur de richesse. Pour certaines personnes, tout l'intérêt de posséder un Hockney, c'est de pouvoir forcer ceux qui n'en ont pas à constater leur infériorité. Isabel n'aimait pas cet étalage et n'avait pas du tout envie d'exhiber ce qu'elle possédait.

Elle s'approcha plus près encore. L'un représentait un groupe d'insulaires coupant et empilant des briques de tourbe. Un homme et une femme arrangeaient les piles de briques noires, pendant que derrière eux une jeune femme était en train de déballer un paquet de sandwichs. Isabel trouva la scène fascinante, un peu triste aussi, sans qu'elle sût pourquoi. McInnes était considéré comme un bon peintre sans doute pour cette raison : comme tous les grands, il arrivait à capter le moment. Un moment fatidique où l'on a l'impression que quelque chose d'indiciblement tragique est sur le point d'arriver.

Elle se tourna vers l'autre tableau, un paysage reconnaissable entre tous, avec les collines caractéristiques en toile de fond, les mamelles de Jura. Il n'y avait rien d'exceptionnel dans ce paysage des îles occidentales, traité par tant d'autres artistes, sauf cet effet de lumière atténuée et de tristesse qui justement distinguait l'artiste.

Entendant Walter respirer, elle se rendit compte qu'il était arrivé derrière elle et elle se redressa. Il avait une présence physique très forte, sans qu'elle puisse expliquer pourquoi.

– Celui des coupeurs de tourbe est mon préféré, dit-il. Les tons sont presque sépia, comme les vieilles photos.

– Quand je regarde de vieilles photos, dit Isabel en hochant la tête, je pense à tous ces gens morts et enterrés. Ça fait réfléchir : ils sont en train de vaquer à leurs occupations sans penser à leur mortalité, et pourtant elle est omniprésente.

– C'est vrai, répondit Walter, l'air très intéressé. Quand j'avais quinze ou seize ans, il y avait une photo qui me troublait beaucoup. Nous avions un volume de poètes de la Grande Guerre, Owen, Sassoon, des gens comme ça. Et il y avait cette photo de cinq ou six soldats du régiment des Highlands en uniforme, en kilt donc, debout en cercle avec le pasteur du coin. Ils étaient sur le point de quitter les Highlands pour faire la guerre.

Il s'arrêta et son regard croisa celui d'Isabel.

– Quand je l'ai vue pour la première fois, je suis resté longtemps à la regarder, au moins une demi-heure. Je ne pouvais pas en détacher les yeux : je me demandais si certains étaient revenus ou s'ils étaient tous morts au front. C'était un régiment d'infanterie, comme tous les régiments des Highlands. Leurs chances de survie étaient minces dans cette boucherie. Je me rappelle que je me disais : Et toi ? Tu es revenu ? Et toi ?

Ils restèrent silencieux un moment.

– C'est comme ces photos de jeunes pilotes assis dans l'herbe près de leur Spitfire, attendant qu'on leur donne le signal du départ. Combien ont survécu plus que quelques semaines ?

– Peu sont revenus, effectivement. C'est terrible. Mais avez-vous remarqué que ces pilotes sont toujours souriants ? Tandis que les Highlanders étaient sombres, ils ne comprenaient pas bien ce qui se passait. C'est un peu différent.

Walter recula et regarda Peter.

– Vous avez expliqué à...

– Isabel.

– Oui, bien sûr. Bon. Vous voulez peut-être revoir le tableau. Il est dans la salle à manger.

Ils le suivirent dans la pièce attenante. La toile était posée contre un mur, à moitié dans l'ombre. Walter la tira vers la lumière et l'adossa à un fauteuil.

– C'est vraiment ravissant, non ?

– Je comprends pourquoi on a tant déploré sa mort, dit Isabel en contemplant le tableau. Il serait devenu un très grand peintre. Quand est-ce que c'est arrivé, vous le savez ?

– Il y a à peu près huit ans, répondit Walter. Tous les journaux en ont parlé à l'époque. C'était en première page du *Scotsman*, et même le *Times* a daigné le mentionner. Il a fait naufrage dans le golfe de Corryvreckan. C'est un passage agité au large de Jura. Il y a des tourbillons, et pire encore.

Il y eut un silence.

– C'est tout à côté, reprit Walter en montrant le tableau. Comme il s'était mis à poser des casiers à homards, il avait un petit bateau et il est sorti dans les pires conditions météo. C'est exactement ce qui a failli arriver à Orwell, mais lui a survécu et il a terminé *1984*. McInnes n'a pas survécu.

– Je connais cet endroit, dit Peter. Nous sommes allés à Islay une année et nous avons fait une excursion à Jura. On s'est arrêtés un peu avant Corryvreckan, mais on entendait le bruit de loin, on aurait dit le rugissement d'un avion à réaction. Et des vagues d'une hauteur incroyable.

– Si l'on fait très attention aux horaires des marées, fit Walter, on peut le traverser sans problème, le golfe est très tranquille quand la mer est basse. Dès qu'elle commence à monter, elle se brise contre une sorte de montagne immergée et c'est l'enfer. C'est l'effet tourbillon.

Tout en écoutant, Isabel était revenue au tableau. C'était peut-être cela qui donnait cette impression de tristesse : savoir que McInnes était mort dans cet endroit qu'il avait peint avec tant d'amour. Mais celui-là n'est pas un McInnes, se dit-elle soudain. Si l'on compare les deux tableaux accrochés au mur à celui-ci, l'atmosphère est toute différente. Ils ne sont pas de la même main.

– Alors ? demanda Peter sur le chemin du retour.

– C'était très intéressant. Merci d'avoir arrangé cette rencontre.

– C'est tout ce que tu as à dire ? lança Peter en la regardant ironiquement.

Isabel leva les yeux vers le mince filament de nuages blancs qui arrivaient de l'ouest très haut dans le ciel, des cirrus.

– Non, je t'en dirai davantage si tu veux, mais je ne sais par où commencer. D'abord, prenons Walter. C'est une surprise. À ta façon d'en parler, j'avais imaginé quelqu'un de beaucoup plus vieux. Et puis cette maison-musée dans laquelle il vit…

– Avec sa mère.

– Ah bon, fit Isabel, surprise, je croyais que tu m'avais dit…

– Je croyais que ses parents étaient morts, mais je me trompais. Il m'a annoncé qu'elle était toujours vivante. Quand tu es allée dans la salle de bains, il m'en a dit deux mots. J'étais stupéfait. Je ne l'ai jamais vue, mais apparemment elle vit là, elle a à peine plus de soixante-dix ans, mais elle ne sort pas beaucoup.

Est-ce que cela changeait les choses ? se demanda Isabel. L'idée de Walter Buie vivant tout seul dans cette maison avec son chien irascible, qu'ils n'avaient pas rencontré, l'avait intriguée parce qu'elle ne s'expliquait pas les raisons d'un tel choix. Avait-il une vie sexuelle ? Elle savait que pour certaines personnes le sexe n'est que très secondaire, tout au plus une vague démangeaison. Était-ce son cas ? Il était peut-être homosexuel. Elle avait du mal à deviner ce genre de choses et se trompait souvent, surtout dans le cas d'hommes un peu efféminés qui se révélaient hétérosexuels à cent pour cent. Finalement, cela ne regardait personne, et donc elle non plus. Elle ne résista pas toutefois à une dernière hypothèse. Puisque sa mère était encore vivante, habitait-il là par choix ou bien parce qu'elle exerçait des pressions sur lui ? Certains parents s'accrochent à leurs enfants et les empêchent de partir. Walter Buie était peut-être affectivement prisonnier d'une mère très possessive. C'était peut-être elle qui lui faisait vendre ce tableau, parce qu'elle refusait de lui donner l'argent sur lequel il avait compté. Dans ce cas, il n'y avait peut-être pas de problème avec le tableau, et Walter avait réellement besoin de le vendre.

– Je ne sais pas quoi penser, dit-elle à mi-voix.

– Tu n'as aucune obligation envers lui, et réciproquement.

Isabel sourit. Peter était un homme de conscience, mais c'était aussi un homme pratique et pragmatique, tandis qu'elle ne pouvait s'empêcher de philosopher. Nous ne serons jamais d'accord là-dessus, toi et moi, se dit-elle. Nous avons tous des obligations envers les autres, moi envers toi, toi envers moi, Walter Buie envers nous, et nous envers lui. Nous avons aussi des obligations envers tous ces morts, dont les rangs serrés abritent un certain Andrew McInnes, peintre et époux, notre compatriote, notre frère.

Elle ne dit rien de tout cela et se contenta de lui faire admirer le ciel :

– Regarde comme ils sont beaux, ces *cirrus uncinus* !

Peter leva les yeux vers les fragments de nuages sans répondre. Il se demandait ce que les *cirrus uncinus* avaient à voir avec leur problème. Rien sans doute.

– J'aurais plutôt parlé de *cirrus fibratus*, dit-il doucement.

Voilà qui clouerait peut-être le bec d'Isabel. Il l'aimait bien, mais il fallait parfois lui rappeler qu'elle n'était pas la seule à connaître le latin.

– C'est ça que j'aime chez toi, Peter, dit Isabel en souriant. Quand tu me reproches d'être un peu obscure, tu le fais si gentiment !

CHAPITRE 9

Isabel et Jamie se préparaient pour le dîner chez Cat, intimes comme un couple marié, ce qu'ils n'étaient pas, mais avec l'appréhension d'un couple d'amants confrontés à une expérience nouvelle. Assise au bord du lit, à moitié habillée, Isabel examinait sa robe de cocktail noire, incapable de se décider sur une tenue. Jamie sortit de la salle de bains, vêtu seulement d'un drap de bain blanc noué autour de la taille, les cheveux mouillés, ébouriffés, les bras et les épaules encore tout humides. Elle leva la tête, puis détourna vite le regard ; elle ne voulait pas qu'il la surprît à le dévorer des yeux. « Dévorer des yeux » est une jolie expression, suggérant la consommation imminente, la convoitise. On ne doit pas porter sur son amant le même regard qu'un gourmet sur un plat fin.

Jamie se dirigea vers la coiffeuse et prit une brosse. Se penchant vers la glace, il essaya d'aplatir ses cheveux, mais, comme d'habitude, ils reprirent immédiatement leur volume initial.

– C'est très bien comme ça, dit Isabel. C'est ton implantation naturelle. Quoi que tu fasses, tu ne pourras pas les aplatir. Je connais des tas de femmes qui donneraient cher pour avoir des cheveux comme les tiens.

– Ça m'énerve, répondit Jamie. J'ai parfois envie d'aller dans ce salon à Bruntsfield, tu sais, le barbier près de la maroquinerie, et de me faire couper en brosse ou de me faire complètement raser la tête. Comment appellent-ils cette coupe déjà ? Le style Yul Brynner.

– Non, dit Isabel sèchement, ce serait un crime.

– Pourquoi ? C'est ma tête après tout, rétorqua Jamie en se tournant vers elle.

Elle aurait voulu dire non, c'est à moi aussi, mais elle se ravisa. Elle n'était pas propriétaire de Jamie, il ne lui était que prêté, comme c'est le cas de toutes les relations.

Elle tira un fil de la robe.

– Ce serait dommage de te raser la tête, et puis tu ne trouves pas que ça donne un air un peu agressif ?

– Je ne parlais pas sérieusement. Tu crois que je pourrais me faire tatouer ?

Elle se mit à rire et il l'imita. La serviette nouée autour de ses reins tomba. Isabel rougit involontairement et alla ramasser la serviette avant qu'il ne le fasse lui-même. Elle lui essuya les épaules et la poitrine. Il n'était pas très velu. Il est si jeune encore, se dit-elle. Ils s'habillèrent.

– Tu crois que Charlie va se réveiller ? demanda Jamie.

– Sûrement pas.

Grace, venue garder Charlie, était installée dans le petit salon, devant la télévision. Charlie avait eu son biberon du soir. Isabel était certaine qu'il dormirait au moins jusqu'à minuit.

– On ne rentrera pas tard, dit Isabel.

Elle n'avait pas besoin d'en dire plus et Jamie la comprit à demi-mot. Il commençait à avoir des doutes sur la soirée. Il aurait été grossier de refuser ; malgré tout, il se sentait plein d'appréhension. Il décida de s'en ouvrir à Isabel :

– Je suis un peu fébrile. Désolé, tout ça me rend malade.

– La meilleure chose à faire avec une ex-fiancée, fit Isabel en se voulant rassurante, c'est de la traiter comme une amie ou même comme une cousine.

– C'est très joli, reprit-il après un temps de réflexion, mais je n'ai pas du tout l'impression d'aller voir une vieille amie. C'est très différent.

– Ne te fais pas de souci, dit-elle. N'y pense plus. Tu veux qu'on descende boire quelque chose avant de partir ? Un gin tonic ?

– Un petit remontant pour me donner du courage ?

– À la hollandaise, comme on dit. C'est un peu méchant pour les Hollandais.

– Est-ce que les Hollandais sont naturellement courageux ?

– Ni plus ni moins que les autres, j'imagine. Mais ça ne vient pas des habitants eux-mêmes, ça vient du gin qu'ils nous exportaient. Ne laisse pas Cat t'intimider.

– Ce que je ne comprends pas, c'est pourquoi elle nous a invités.

Isabel n'avait pas de réponse à cette question. Ils descendirent au salon. Elle commença à préparer les gin tonics pendant que Jamie allait voir Grace dans le petit salon.

– Je vais appeler un taxi pour Grace, dit-il en revenant. Elle commence à avoir une de ses migraines.

Grace était sujette aux migraines et devait rester au lit vingt-quatre heures pendant une crise. Isabel abandonna les verres à Jamie.

– Prends ma place. Je vais appeler le taxi et l'aider à préparer ses affaires.

– Tu veux qu'on annule ? lança Jamie sans la moindre trace de déception dans la voix.

– Mais pourquoi ? demanda Isabel en se retournant sur le seuil, l'air faussement surpris. On mettra Charlie dans son couffin.

Rien de plus facile en effet. Cat ne pourrait plus faire comme s'il n'existait pas. Elle n'avait manifesté aucun intérêt pour lui, reconnaissant à peine sa présence, mais ça ne pouvait pas durer.

Grace avait pris son médicament anti-migraine, dont elle gardait toujours une boîte dans la maison, et se sentait mieux, mais Isabel insista quand même pour qu'elle rentre chez elle. Après l'avoir fourrée dans un taxi, elle revint au salon. Jamie lui tendit son verre.

– C'est fort, dit-elle en faisant la grimace après la première gorgée.

– La soirée va être longue, fit Jamie avec un sourire moqueur.

Il y avait quelque chose d'illicite à avaler ainsi un gin tonic bien tassé, mais Isabel en ressentait le besoin. Jamie, le verre bu, se sentit lui aussi plus confiant sur l'issue de la confrontation avec Cat. Il ressentait néanmoins une certaine excitation, qu'il reconnut être de nature sexuelle. Il se détourna d'Isabel, comme si elle avait pu lire dans ses yeux.

Cat avait récemment emménagé dans Fettes Row, au troisième étage d'un immeuble géorgien ; un escalier collectif desservait chaque palier. Ils avaient traversé la ville en taxi, Charlie dormant comme un ange dans son couffin à leurs pieds. Jamie monta les dernières marches en portant Charlie. Isabel, derrière lui, se pencha pour contempler son fils.

– Comment est-ce qu'on peut ne pas l'aimer ? marmonna-t-elle.

– Qui ? demanda Jamie. Qui ne l'aime pas ?

Comme elle ne parlait jamais de Cat avec Jamie, elle n'avait pas eu l'occasion de mentionner l'animosité qu'elle avait décelée chez elle. Elle n'avait pas l'intention de commencer maintenant. C'était par inadvertance qu'elle avait parlé tout haut. Comment faire marche arrière ? Elle essaya néanmoins de corriger le tir :

– Je n'en suis pas sûre. C'est l'attitude qu'elle a, mais dire qu'elle ne l'aime pas est sans doute exagéré.

Jamie fronça les sourcils et se tourna vers l'escalier.

– On pourrait repartir, tu sais, dit-il en baissant la voix. Avec Charlie, on a une très bonne excuse. Les bébés et les dîners, ça ne fait pas bon ménage.

Isabel fut surprise de sentir en lui de la colère. Lui qui était d'un tempérament remarquablement aimable semblait vraiment agacé. Les parents de fraîche date sont les plus inconditionnels ; en tant que père, il s'insurgeait que l'on n'appréciât pas son rejeton comme il le méritait. Nos enfants sont la perfection, surtout quand ils viennent juste de naître et qu'on ne sait encore rien de leur personnalité. Pourtant ils étaient venus jusque-là. Cat avait sans doute entendu la porte d'entrée s'ouvrir et se refermer, et leurs pas dans l'escalier. L'espace de quelques secondes, Isabel les imagina en train de prendre la fuite discrètement, Cat ouvrant la porte et les voyant s'éloigner rapidement. Une hôtesse a lieu de s'interroger quand les invités repartent avant même d'être arrivés. Mais Cat ne penserait pas à se remettre en cause, et elle non plus. Ce genre d'incidents n'est pas vraiment révélateur.

Une grande jeune femme mince ouvrit la porte. Son regard alla successivement d'Isabel à Charlie, enfin à Jamie, et s'y attarda. Isabel jeta un coup d'œil à Jamie, qui avait détourné les yeux. Nos regards nous trahissent, ils sont attirés par la beauté et glissent vite sur le reste. Ils donnent un coup de projecteur sur notre affectivité. Jamie avait l'air irrité, presque troublé. On est à peine arrivés, se dit-elle, la soirée s'annonce difficile.

La jeune femme leur fit signe d'entrer.

– Je suis Claudia, la colocataire de Cat.

– Bien sûr, répondit Isabel.

Elle avait appris que Cat avait pris une colocataire en emménageant dans Fettes Row, mais elle ne savait rien d'elle, hormis qu'elle venait de Saint Andrews et qu'elle jouait au golf, comme pratiquement tous les habitants de Saint Andrews. C'est Eddie qui avait mis Isabel au courant. Il avait rencontré Claudia au magasin. Eddie avait fait la grimace en prononçant le mot « golf ».

– Vous n'aimez peut-être pas ça, avait protesté Isabel, mais ce n'est pas une raison…

– Oui, je sais, il y en a qui trouvent du plaisir à donner des coups dans une petite balle blanche.

– Tout le monde a un hobby.

Elle avait eu envie de demander à Eddie ce qu'il faisait pendant ses heures de loisir, et pourtant elle hésitait, à cause de cette fragilité et de cette vulnérabilité à fleur de peau. Cela n'excusait pas qu'il s'en prenne impunément à tous les joueurs de golf.

– Et vous, Eddie ? Vous avez un hobby ? Qu'est-ce que vous faites ?

– Moi ? avait-il répondu, surpris et presque alarmé par la question.

– Oui, vous.

– Je me détends.

Sans réfléchir, elle s'était mise à rire, pour le regretter aussitôt, car le visage d'Eddie s'était décomposé. Il était trop fragile. Cet événement dans le passé, que Cat connaissait mais qu'elle n'avait jamais révélé, avait fait plus de dégâts qu'on ne l'imaginait. Elle avait effleuré son avant-bras de la main, mais il s'était reculé.

– Excusez-moi, avait-elle dit, je ne voulais pas vous manquer de respect. C'est juste que, enfin, se relaxer, ça n'est pas très explicite.

Elle avait eu la vision soudaine d'une pièce remplie de gens à peine habillés, affalés dans des chaises longues.

Claudia les fit entrer. Comme dans tous les appartements de New Town, le vestibule était une pièce aux proportions classiques et généreuses, en l'occurrence plutôt mal rangée. Cat n'était pas très organisée. Isabel remarqua la pile de courrier non ouvert sur la table, près d'un tas de réclames pour des pizzérias et des restaurants indiens. Claudia saisit son regard et se mit à rire.

– On voulait ranger avant votre arrivée, mais vous savez ce que c'est…

– On se sent plus à l'aise quand il y a un peu de désordre, dit Isabel. Tu ne crois pas, Jamie ?

Il essaya de sourire, sans grande conviction. Claudia avait à nouveau les yeux fixés sur lui. Cat avait-elle révélé à sa colocataire que Jamie était son ancien fiancé ? Est-ce qu'elle avait aussi raconté que c'était sa propre tante qui lui avait damé le pion ? Isabel devait peut-être se mettre à jouer le rôle de la femme fatale qui prend ses amants au berceau, la mangeuse d'hommes sans pitié. Elle aurait bien du mal à garder son sérieux.

Claudia leur demanda où il fallait installer Charlie. Elle proposa sa chambre, si Isabel était d'accord.

– C'est la pièce du fond, elle donne sur Cumberland Street, c'est très calme.

Elle passa devant eux. Il y avait un lit double avec un couvre-lit à motif indien, une petite bibliothèque, un bureau. Au-dessus du lit, une gravure de Hopper représentait une jeune femme installée à une table, en pleine lumière. Ils posèrent le couffin sur le lit et Jamie se pencha pour ajuster sa couverture.

– Il est bien parti, dit-il.

C'était ses premiers mots. Isabel remarqua que Claudia l'écoutait avec gravité, comme s'il avait dit quelque chose de très profond.

C'est alors que Cat fit son entrée, s'essuyant les mains sur une serviette en papier.

– Bonsoir, Jamie ! lança-t-elle tout en regardant Isabel. Bonsoir, Isabel !

Isabel embrassa Cat sur la joue. Elle sentit que la jeune femme était contractée, comme si tous ses muscles étaient tendus.

– Et voici Charlie, ajouta Isabel, qui dort profondément.

Cat lança un coup d'œil au couffin, sans se pencher pour l'embrasser, sans même le toucher, se contentant de le regarder.

– Bonsoir, Charlie.

Isabel observa qu'elle n'avait à aucun moment regardé Jamie en face, ce qui augurait mal du reste de la soirée. De multiples raisons peuvent concourir à faire d'un dîner une catastrophe, même dans le cercle étroit de la société d'Édimbourg. Il arrive que l'hôte s'assoupisse à table pendant le potage, que la soupe soit tellement salée que les invités ne peuvent l'avaler. Une dispute entre deux invités peut conduire l'offensé à claquer la porte. Sans compter les impairs s'agissant de la liste des invités : la soirée légendaire où l'on avait placé côte à côte les survivants de divorces acrimonieux. Elle avait connu sa pire expérience lors d'un déjeuner où un invité avait demandé si l'un des convives avait jamais commis un acte de violence. Malheureusement, l'hôtesse, dans un moment d'aberration passagère, avait autrefois agressé un ancien amant et fait l'objet d'une condamnation pour coups et blessures. Tout le monde le savait, sauf celui qui avait posé la question. Des remarques irréfléchies peuvent avoir pour conséquence un silence embarrassé de quelques secondes ou de longues minutes. Pour cette soirée, cela risquait de se mesurer en heures si Cat refusait de reconnaître la présence d'un de ses invités. C'était envisageable. Isabel avait entendu parler d'une femme qui avait réussi pendant tout un dîner à ignorer totalement une autre invitée assise en face d'elle. Cela demande une certaine dextérité. Une belle démonstration de la façon dont les humains gaspillent leurs aptitudes.

– Jamie, tu as l'air très en forme, dit soudain Cat en se tournant vers lui.

Isabel poussa un soupir de soulagement. Ils allaient peut-être échapper au pire. Mais Cat poursuivait :

– On s'occupe bien de toi, apparemment.

Il fallut à Isabel un moment pour digérer cette remarque. S'attendant au pire, elle perçut le message implicite : Jamie était un homme entretenu. Elle fut estomaquée d'une insolence aussi manifeste. Jamie, moins averti, ne parut pas tout de suite alerté par le choix des mots employés. Pourtant, en quittant la chambre pour aller au salon, il se raidit soudain et se tourna à demi vers Isabel. Les regards se croisèrent. Elle secoua imperceptiblement la tête en levant les yeux au ciel, comme pour dire : « Laisse tomber, tu es au-dessus de ça. »

Claudia offrit un verre de vin à Isabel, puis à Jamie. Isabel leva son verre en direction de Cat, qui lui rendit son geste à contrecœur.

– Nous avons dû amener Charlie, Grace avait la migraine. Elle n'en a pas souvent, mais...

– Charlie a le sommeil très profond, dit Jamie. Il est très bien réglé.

Cat et Claudia se tournèrent toutes les deux vers Jamie. Puis Claudia dit à Cat :

– Qui avait amené cet horrible bébé, déjà ? Des gens qui étaient venus dîner, et le bébé n'a pas arrêté de hurler.

– Je vois qui tu veux dire, répondit Cat. Effectivement, celui-là pourra faire carrière au Scottish Opera.

– Ce n'est pas leur faute, dit Jamie en fronçant les

sourcils. Ce n'est pas facile d'arrêter un bébé quand il commence à pleurer.

Il regardait Cat comme s'il attendait une réponse. Elle rencontra brièvement son regard. Comment regarde-t-on quelqu'un qu'on a aimé ? Sans doute comme Cat, se dit Isabel en observant les brefs coups d'œil pleins d'autocritique, voire même de surprise : comment imaginer qu'elle ait pu avoir autrefois des sentiments pour lui ? Quand on a été abandonnée par son amant, le ressentiment peut dominer, parce que l'autre mène une vie dont on est exclue, ce qui est l'insulte suprême. C'était pourtant Cat qui avait rompu avec Jamie, et pas le contraire. Elle pouvait difficilement lui en vouloir d'avoir trouvé quelqu'un d'autre. Oui, mais sa propre *tante*...

Isabel s'aperçut que Jamie attendait une réponse à sa question. Mieux valait changer de sujet.

– En parlant du Scottish Opera, dit-elle, tu as vu son *Rosenkavalier*, Cat ?

– Non, rétorqua Cat sur un ton brusque. Je ne l'ai pas vu.

Eh bien, la soirée va être longue, se dit Isabel, qui regrettait presque de ne pas avoir fait demi-tour dans l'escalier.

– Il y a quelques beaux passages dans le *Rosenkavalier*, lança soudain Jamie.

– C'est vrai..., dit Isabel.

– J'ai vu *Carmen* à Londres, l'interrompit Claudia. Une production de l'English National Opera.

Il y eut un silence.

– On passe toujours une bonne soirée avec *Carmen*, tout le monde l'apprécie.

– Peut-être, marmonna Jamie qui lui lança un bref coup d'œil.

– C'est comme toutes les œuvres connues du répertoire, persista Isabel. Les gens aiment ce qui est familier. *Carmen* remplit toujours les salles.

Jamie resta silencieux un moment. Isabel remarqua qu'il serrait si fort ses mains l'une contre l'autre qu'il avait les articulations toutes blanches.

– Oui, dit-il d'une voix tendue, mais c'est ça le problème, non ? Toutes ces vieilleries qui ne laissent pas de place aux choses nouvelles.

– Les spectateurs fuient les opéras modernes, poursuivit Isabel sur un ton pacifique. C'est un fait avéré.

– Et, donc, il ne faudrait pas les présenter au public, c'est ça ? dit Jamie sèchement. Revenir aux vieux succès, *La Bohème*, *Traviata* ?

Isabel jeta un bref coup d'œil à Cat, qui avait les yeux au plafond, peut-être pour ne pas avoir à regarder Jamie. Elle ne voulait pas prolonger cette discussion qu'elle avait initiée et qui se transformait en dispute ; en même temps elle en voulait à Jamie de se montrer si délibérément provocateur. Elle ne détestait pas les opéras modernes, et Jamie le savait. C'était injuste de la présenter comme quelqu'un de très conservateur – et faux, qui plus est.

– Je n'ai jamais dit qu'il n'y avait pas de place pour

l'opéra moderne, dit-elle fermement. Tout ce que j'ai dit, c'est que les directeurs de salles sont confrontés aux réalités matérielles. Pour vendre des billets, il faut monter des œuvres que les gens ont envie de voir. Pas seulement, bien sûr, mais ils sont obligés de ne pas négliger ce répertoire.

– Donc pas d'œuvres nouvelles ? rétorqua Jamie.

– Mais si, bien sûr !

Isabel était mal à l'aise. Cela ressemblait si peu à Jamie de discutailler ainsi. Il fallait en chercher la cause dans la tension de cette soirée. Tout en le comprenant, elle était blessée qu'il ait choisi de se disputer publiquement avec elle. Soudain, ils entendirent Charlie pleurer.

– Il est réveillé, dit Jamie en sautant sur ses pieds.

– On ne peut pas le laisser se calmer tout seul ? dit Cat, l'air contrarié. Il va se rendormir.

– Non, on ne peut pas négliger un bébé.

– Mais qui parle de négliger, bon sang ! s'exclama Cat avec un sursaut de colère. J'ai seulement dit…

– Je vais aller le chercher, dit Jamie.

Elles le regardèrent quitter la pièce. Cat sourit à Isabel d'un air qui se voulait complice, mais Isabel ne lui rendit pas son sourire. Cat suggérait que Jamie en faisait trop, et qu'il était incapable de s'occuper d'un bébé qui pleure.

– Il est très doué, dit Isabel.

Cat se tourna vers Claudia et chuchota quelques mots imperceptibles. Isabel retint son souffle. Elle pouvait se tromper, bien sûr, mais il lui avait bien semblé que les mots étaient « au lit ».

– Quel désastre ! s'exclama Isabel.

– Tu peux le dire, opina Jamie.

Ils rentraient en taxi et montaient le Mound, les lumières du château au-dessus d'eux, le sombre canyon de Princes Street à leur droite, observant l'activité nocturne de la ville, les groupes d'étudiants bruyants en route pour les pubs et les clubs, les couples bras dessus, bras dessous, les gens agglutinés aux arrêts de bus. Depuis son premier réveil, Charlie n'avait pas cessé de pleurer et de gémir. L'atmosphère à table avait été tendue et inconfortable. Ils étaient partis dès la fin du repas, sans échanger un mot dans l'escalier. Isabel voyait que Jamie était fâché contre elle, sans bien savoir pourquoi – avoir accepté l'invitation peut-être. Le taxi arriva au sommet de High Street et se dirigea vers le pont George IV.

– Je ne sais pas ce que j'ai fait, mais je m'excuse quand même, dit Isabel.

– Tu n'as rien fait, murmura Jamie. C'est juste que j'ai trouvé le comportement de Cat détestable. Je ne supporte pas son attitude envers Charlie.

– C'est compliqué, soupira Isabel.

– Tout est trop compliqué, dit Jamie. Tout ça, c'est trop compliqué.

– Et si on partait faire une petite virée ? suggéra soudain Isabel.

Elle avait parlé sans réfléchir, et se rendit compte après coup que c'était une très bonne idée. Il fallait qu'ils s'échappent un peu, avec Charlie, pour se retrouver ensemble. Quelques jours de vacances leur feraient le plus grand bien.

Jamie ne rejeta pas sa proposition d'emblée.

– Pour aller où ?

– Jura, répondit Isabel à nouveau sans réfléchir.

– D'accord, dit Jamie.

Comme il semblait toujours déprimé, elle prit sa main dans les siennes. Elle sentait qu'il était tendu, mais il ne retira pas sa main. Quand ils atteignirent Bruntsfield Place, passant devant le magasin fermé de Cat, il lui caressait le poignet doucement, timidement, comme un amant qui vient de s'apercevoir à nouveau à quel point il admire celle qu'il aime.

Isabel repensa au sens insultant qu'elle avait attribué aux mots de Cat. En plus, c'est bien vrai, se dit-elle en souriant intérieurement.

CHAPITRE 10

Le lendemain matin, la perspective d'aller faire une excursion à Jura lui sembla moins insensée. Jamie avait été un peu surpris de ce projet soudain de partir ensemble. Une fois l'idée lancée, il la trouvait plutôt bonne.

– Les Hébrides, c'est un endroit idéal, déclara-t-il au petit déjeuner. Tu connais Harris ? J'y suis allé il y a quelques années. J'ai adoré. On a même poussé jusqu'à South Uist. On a cette impression merveilleuse d'être au bout de la terre.

– Ce qui est vrai, d'ailleurs : c'est la pointe extrême de l'Écosse, et aussi de l'Europe.

Un rayon de soleil traversait la grande fenêtre victorienne de la cuisine, illuminant des grains de poussière qui orbitaient comme des planètes dans l'espace.

– C'est curieux, observa-t-il en agitant la main, ce qui créa un tourbillon de particules. On croit que l'air est vide, mais ce n'est pas vrai, c'est plein de poussière, et de virus également, je suppose.

– Et Jura ? poursuivit Isabel. Tu connais ?

– Je m'y perds, dans les Hébrides, dit Jamie en secouant la tête. Jura, c'est celle qui est toute proche d'Islay, non, au large du promontoire de Kintyre ?

– C'est ça. Islay est beaucoup plus grande et produit plus de whisky. Il y a au moins sept ou huit distilleries. Et puis il y a Jura, l'« île des Cerfs » en gaélique.

– Ah bon ? J'ai dû la voir de loin depuis Islay, dit Jamie, mais je n'y suis jamais allé. Pourquoi est-ce que tu as choisi Jura ?

En posant la question, il se souvint du tableau de la vente aux enchères, qui représentait un paysage de Jura.

– Tu es sûre que ça n'a rien à voir avec..., suggéra Jamie en levant un sourcil inquisiteur.

– J'ai beaucoup pensé à ce tableau ces derniers temps, dit Isabel en haussant les épaules. C'est sans doute pour ça que j'ai envie de retourner à Jura. J'ai des amis là-bas, j'aimerais les revoir.

– Qui ? demanda Jamie, soupçonneux, sachant qu'Isabel ne faisait rien au hasard, même quand ses initiatives semblaient spontanées et improvisées.

– Des gens qui s'appellent Fletcher. La famille Fletcher possède Ardlussa House depuis des années. J'ai un peu connu Charlie et Rose Fletcher, et surtout leur fille, Lizzie. C'est une fine cuisinière, elle s'occupe de la restauration pour les rendez-vous de chasse, les réceptions et ainsi de suite dans toute la région des Highlands. C'est son frère qui a repris le domaine, mais Lizzie y va de temps en temps quand elle n'a pas d'obligations professionnelles. Tu l'aimeras beaucoup, j'en suis sûre.

– Tu connais d'autres gens ?

– J'y suis seulement allée deux ou trois fois, répondit Isabel. Je n'ai pas rencontré une foule de gens. Le patron de la distillerie, les deux femmes qui gèrent la boutique de Craighouse.

Elle avala le reste de sa tasse, où ne subsistait qu'un peu de mousse blanche. Elle aimait noyer son café de lait.

– Tu as entendu parler d'Orwell ?

– C'est lui qui a écrit *1984*, non ?

– Oui, il l'a écrit là-bas, dans une maison appelée Barnhill, tout en haut de l'île. Il l'a terminé en 1948.

– Et c'est pour ça…

Isabel se demanda si Jamie avait lu *1984*. Ses connaissances en littérature étaient décousues, mais révélaient parfois des surprises. Il avait lu *Anna Karénine* et *Pleure, ô pays bien-aimé*, mais il ignorait qui était Mme Bovary, et cela faisait d'ailleurs partie de son charme.

Un jour, il lui avait demandé qui était Mme Bovary. Pour plaisanter, elle avait failli répondre « C'est moi », et s'était arrêtée juste à temps. C'était presque vrai : comme Mme Bovary, elle était amoureuse d'un homme plus jeune qu'elle, même si elle n'avait pas de mari et pas de Flaubert pour la punir. Les femmes qui tombent amoureuses et défient les conventions sont en général, comme Anna, punies par les auteurs. Amusée, elle s'était demandé si elle aussi serait punie de son amour pour Jamie. Elle était une femme de chair et de sang, non une créature imaginaire.

En échafaudant un cauchemar, en en faisant un roman, Orwell s'était durement châtié.

– Oui, il a interverti les chiffres pour obtenir 1984, ce qui devait lui sembler très éloigné dans le temps. Quand 1984 est arrivé, ajouta-t-elle en se levant, cela n'a pas été si terrible. En tout cas, c'était une époque bénie si on la compare à la nôtre, avec toutes ces caméras de surveillance braquées sur les gens dans la rue, ce climat de suspicion perpétuelle.

Jamie se leva à son tour, lançant un coup d'œil à sa montre. Il lui fallait être à l'Académie dans une heure. Il pensa à l'adolescent qui l'attendait dans la salle de musique, qui n'aimait pas le basson et subissait les leçons avec un ennui mal dissimulé. Ils se détestaient cordialement. Jamie, qui acceptait mal son mépris de l'instrument, était vaguement dégoûté par cette espèce d'énergie refoulée, témoignant d'une sexualité naissante, latente, visible dans cette bande d'acné sur le menton... C'est bien difficile d'être un garçon de quatorze ans, et à quinze ans ce n'est pas mieux. On croit tout savoir et on se sent très frustré que le reste du monde soit si lent à s'en apercevoir. Les filles ne sont pas à leur aise non plus, si moqueuses, si proches et pourtant si lointaines, à jamais inaccessibles parce qu'il manque quelques centimètres, ou parce que les problèmes de peau paraissent insolubles. Jamie frissonna en se demandant si au même âge, il avait ressemblé à son élève.

Il réfléchit aux paroles d'Isabel. Les choses allaient-elles si mal ? À qui la faute ?

– Nous sommes plus soupçonneux, tu crois ?

– Sans aucun doute, affirma Isabel. Regarde les aéroports, dès que tu y mets les pieds, tu es considéré comme suspect, pour des raisons évidentes. En outre, si l'on est plus soupçonneux envers les autres, c'est qu'on les connaît moins. Nos sociétés sont devenues des sociétés d'étrangers, de gens qui ne partagent aucune expérience, qui ne parlent même pas la même langue, qui ne connaissent pas les mêmes poètes, ne lisent pas les mêmes livres. Dans ces conditions, il est difficile d'être autre chose que des étrangers.

Jamie l'avait écoutée attentivement. Isabel n'avait peut-être pas tort, mais où la menait ce raisonnement ? On ne pouvait pas revenir à l'époque où tout le monde vivait dans un village.

– Qu'est-ce qu'on peut faire ? lança-t-il.

– Rien, dit Isabel.

C'était malheureusement une réponse défaitiste. Au contraire, il fallait recréer des communautés, faire naître une société partageant des points communs et les mêmes références culturelles. Sinon, on risquait d'aboutir à un cloisonnement des individus, presque réalisé de nos jours. Il ne serait pas aisé de reconstruire une société civile, de dompter ces jeunes vivant en bandes, ces enfants privés de mots et de repères moraux par l'abandon et l'absence du père.

– Je ne veux pas dire qu'on ne peut rien faire du tout, corrigea-t-elle. Mais c'est compliqué.

– Il faut que je..., commença Jamie en regardant sa montre.

– Oui, c'est une tâche gigantesque et tu n'as que dix minutes.

Quand il se pencha pour l'embrasser légèrement sur la joue, elle respira le bois de santal de sa lotion après-rasage.

Elle ne fit pas grand-chose durant le reste de la matinée, hormis passer quelques coups de téléphone pour réserver un passage aller et retour sur le ferry desservant Islay, s'informer si Lizzie Fletcher serait à Jura le week-end suivant et réserver une chambre assez grande pour Jamie, Charlie et elle. Enfin, sans enthousiasme, elle affronta ce qu'elle avait essayé de chasser de son esprit, mais qui était désormais imminent : en effet, c'était ce jour-là que Christopher Dove devait lui rendre visite. Il allait prendre un train qui arriverait à la gare de Waverley à trois heures de l'après-midi. Il lui avait annoncé la nouvelle par téléphone, attendant manifestement qu'Isabel lui proposât de venir le chercher à la gare. C'était la coutume autrefois à Oxford : on accueillait les visiteurs à la gare et on revenait à son collège avec eux. Isabel avait brièvement lutté avec sa conscience. Sa bonté naturelle la poussait à aller le chercher, mais la rancœur est tout aussi humaine que la gentillesse et la compassion, et elle n'avait pas envie de se montrer serviable. C'était le professeur Christopher Dove qui avait organisé le coup d'État qui l'avait chassée de son poste, un ambitieux sans scrupules, un manipulateur, qui aurait dû être politicien plutôt que philosophe. Je n'irai pas le chercher à la gare, s'était-elle promis. Il peut bien prendre un taxi.

Évidemment, elle était revenue à de meilleurs sentiments. Un peu avant neuf heures, elle avait téléphoné pour lui proposer de l'accueillir à la gare. Pendant que le téléphone sonnait, elle imaginait son bureau dans la maison d'Islington. Elle était sûre qu'il habitait un endroit comme Islington. Il n'y avait pas eu de réponse. Il était déjà parti pour la gare de King's Cross et elle n'avait pas son numéro de portable. Elle avait raccroché. Voilà une leçon dont elle n'aurait pas dû avoir besoin à son âge. Il ne faut se montrer ni mesquin, ni méchant, car on n'aura pas forcément le temps de réparer.

Un taxi s'arrêta devant la maison. De la fenêtre de son bureau, au rez-de-chaussée, Isabel pouvait voir la grille du jardin, au-delà du buisson de rhododendrons et du petit bouleau. Une silhouette à l'arrière du taxi se penchait pour payer le chauffeur. Il sait au moins ça, se dit Isabel : à Édimbourg, on paie le taxi avant de descendre, ce qui est plus rationnel que de sortir d'abord, comme à Londres, et d'obliger le chauffeur à baisser sa vitre. Isabel ne voyait pas l'intérêt de cette façon de faire, mais c'était une de ces données culturelles incontournables, comme conduire du côté gauche plutôt que du côté droit. On ne change pas facilement les habitudes des conducteurs. Elle se souvenait qu'un autocrate, peut-être en Birmanie, ce pays à l'histoire si étrange et si triste, avait ordonné que tout le monde se mette à conduire à droite, si bien qu'il y avait eu de multiples accidents. Et le roi de Tonga, un homme très gros, n'avait-il pas ordonné que toute la nation se mette au régime quand il avait décidé d'en suivre un ? C'était là tester au maximum les liens entre un monarque et son peuple.

Christopher Dove sortit du taxi, portant un sac de voyage et une mallette. Il regarda la porte d'entrée pour vérifier le numéro, bien visible en chiffres romains de laiton vissés sur une plaque de bois. Son regard alla ensuite vers le bureau et Isabel se recula vivement dans l'ombre. Il ne fallait à aucun prix que Dove eût l'impression qu'elle était inquiète. Isabel avait décidé de se comporter avec dignité et de traiter Dove comme n'importe quel autre collègue. C'était d'ailleurs la seule ligne de conduite à adopter. Toute autre attitude, mesquinerie ou irritation, n'aurait fait que rendre la victoire de Dove plus éclatante.

Elle avait déjà eu l'occasion de le rencontrer et ne fut pas surprise par son apparence : une beauté un peu dédaigneuse, la chevelure blonde et épaisse très bien coiffée, tout à fait le genre de personnage que l'on voit sur les publicités de parfums pour hommes, posant torse nu pour une raison étrange (la chaleur peut-être), regardant au loin d'un air déterminé. Voilà à quoi ressemblait Dove.

– Isabel !

Quand elle ouvrit la porte, il avait posé ses bagages sur le seuil et lui tendait les bras. Effectivement, il l'embrassa sur les deux joues. Elle lutta pour dissimuler son mouvement de recul, mais il dut sentir qu'elle était contractée.

– C'est très gentil à vous de me recevoir, et presque à l'improviste.

Cela n'avait rien de gentil de sa part, elle n'avait pas le choix, il aurait été ridicule de refuser de le rencontrer.

– Pas de problème, répondit-elle. Il faut bien faire la transition. La *Revue* a beaucoup de lecteurs aujourd'hui, il ne faut pas les perdre.

C'était une remarque lourde de sens. Elle n'avait pas eu l'intention de dégainer aussi vite, mais c'était trop tard. C'était à elle seule ou presque que l'on devait tous ces nouveaux lecteurs. Quand elle avait pris la direction de la *Revue*, le lectorat était dangereusement bas.

– Bien sûr, dit-il en souriant, et tout ça, c'est grâce à vous. C'est vraiment formidable ce que vous avez fait pour redresser la *Revue*.

Alors, dans ce cas, pourquoi la remplacer ? Mais elle garda ses pensées pour elle et se contenta d'inviter Dove à entrer.

– Nous pourrions peut-être aller dans mon bureau. Vous pouvez laisser vos sacs dans le hall. Vous avez réservé un hôtel ?

Elle savait que c'était là une question dangereuse. S'il disait non, elle se sentirait obligée de lui offrir un lit, et elle n'en avait pas envie. *J'avais faim et tu m'as nourri.* On avait peut-être le devoir de nourrir les affamés, mais pas les salauds.

– Non, dit-il, et Isabel retint son souffle. Je retourne à Londres par le train de nuit. Vous le prenez parfois ? J'aime beaucoup.

– Ce n'était pas le cas de Norman MacCaig, qui a écrit un poème à ce sujet. « Je n'aime pas être transporté de côté dans la nuit. »

– Les poètes sont souvent grincheux, dit Dove en souriant. Nous autres philosophes, nous sommes plus résistants, plus stoïques.

– Oh, je ne sais pas ! Hume avait peut-être bon caractère, mais beaucoup de philosophes sont très désagréables.

Comme vous, par exemple.

– Je n'ai pas une grande passion pour Hume, déclara Dove en inspectant la bibliothèque sans discrétion. Je comprends qu'on soit séduit, mais, personnellement, je pense qu'il y a plus à apprendre sur nos émotions à l'aide des sciences cognitives modernes. Hume n'aurait rien compris à un IRM.

Isabel le regarda, incrédule. Comment pouvait-il proférer de telles bêtises ? Elle renonça pourtant à attaquer Dove sur ce point et elle se dirigea vers le classeur qui se trouvait derrière son bureau.

– Quand j'ai repris la *Revue*, j'ai jeté toutes sortes de vieux dossiers : mon prédécesseur avait accumulé des tas de papiers dans des boîtes, sans les trier. Rien n'avait le moindre intérêt. Des lettres de l'imprimeur, etc. J'ai tout jeté. Il y avait même une vieille lettre de Bertrand Russell réclamant le remboursement d'un billet de train, à l'occasion d'un symposium organisé par la *Revue*.

Dove, qui regardait par la fenêtre, se retourna brusquement.

– Russell ? s'exclama-t-il. Mais vous n'avez pas pensé à ses biographes ? Ça aurait pu les intéresser.

Dove avait parlé sur un ton outré qui hérissa Isabel.

– Vous croyez qu'ils seraient intéressés par une demande de remboursement d'un vieux billet de train ? Sûrement pas, sauf si Russell mettait en cause la réalité du voyage. « Je crois que j'ai pris un train à Paddington, mais comment en être certain ? »

L'idée la fit rire, mais Dove était incapable de voir ce que cela avait de drôle, car il pensait à la postérité et ne pouvait se permettre d'en rire. Isabel se demandait bien ce que les biographes auraient pu tirer du document : que Russell était du genre à se faire rembourser, ou bien qu'il était gêné financièrement et qu'il lui fallait faire attention à la moindre dépense ?

– Et quoi d'autre ? demanda Dove, maussade. Qu'est-ce que vous avez jeté d'autre ?

– Je vous assure que je n'ai rien jeté d'important, mais seulement ce que l'on pourrait appeler la correspondance au jour le jour.

L'irritation de Dove semblait monter. Isabel remarqua qu'il avait rougi, ce qui était très visible avec son teint. Elle se dit aussi qu'il était séduisant, qu'il n'avait pas un gramme de graisse. Il jouait sans doute au squash ou au cricket. Oui, c'était bien son genre.

– Ces documents peuvent avoir de la valeur, beaucoup de valeur. La signature de gens célèbres sur un document, même trivial, ça représente beaucoup d'argent.

– Je suis désolée, dit Isabel, reconnaissant qu'il avait raison. J'aurais peut-être dû faire preuve de plus de prudence. Mais il y en avait tant, et je pensais vraiment que...

– Cela n'a pas d'importance, l'interrompit Dove, soudain conciliant. Je comprends que vous ayez voulu vous débarrasser de tous ces papiers. Ça finit par s'accumuler.

Ils s'installèrent de part et d'autre du bureau d'Isabel.

– Je pense que nous devrions passer en revue les trois prochains numéros, dit Isabel. Les choses sont bien avancées, et si je m'arrête avec ce dernier numéro, vous aurez déjà beaucoup d'articles d'avance.

– Je vois, dit Dove en hochant la tête gravement.

– Si on commençait par le prochain numéro ?

Dove répondit que c'était une bonne idée, et Isabel

prit un épais dossier dans une pile sur son bureau. Elle vit que son visiteur observait la pile de papiers, et comprit qu'il désapprouvait ce désordre.

– Je sais exactement où sont les choses, dit-elle doucement, même si ça n'en a pas l'air.

– Un désordre créatif, bien sûr, marmonna Dove.

Elle n'apprécia pas le ton condescendant de cette remarque, mais ne fit pas de commentaire. Elle sortit du dossier un papier un peu sali sur lequel elle avait pris des notes pour la table des matières. Il y avait aussi son éditorial, imprimé sur papier couleur crème et annoté par elle çà et là au crayon bleu. Ce serait son dernier éditorial, et il portait sur le principe de l'impôt. Dove n'écrirait jamais sur un sujet aussi ennuyeux. Il choisirait plutôt… quoi ? Les sciences cognitives ? Les arbres de décision ? La question de savoir si les ordinateurs ont un cerveau, et donc s'il y en a des bons et des méchants ?

Ils travaillèrent jusqu'à quatre heures et demie. Soudain, Isabel entendit qu'on ouvrait la porte du jardin. Elle leva les yeux et vit quelqu'un dans l'allée qui menait à la porte d'entrée. C'était Cat. Dove l'avait vue aussi et regarda Isabel d'un air interrogateur.

– C'est ma nièce, dit Isabel en se levant. Je ne l'attendais pas.

– Je ferais bien une petite pause, lança Dove en étirant les bras et en bâillant.

Isabel le laissa dans le bureau et alla ouvrir. Cat n'avait pas eu le temps de sonner.

– Je t'ai vue par la fenêtre, dit Isabel chaleureusement.

La visite de Cat pouvait être l'occasion de recommencer à zéro. Il ne fallait pas laisser le souvenir de cette soirée désastreuse empêcher la réconciliation. Si c'était un dégel, il était pourtant bien modéré ; Cat demeura distante.

– Tu as oublié ton cardigan l'autre soir. Je te l'ai rapporté.

Isabel prit le cardigan que Cat tirait d'un cabas.

– Viens prendre une tasse de thé, j'allais juste en faire. Christopher Dove est là.

– Christopher Dove ? fit Cat, l'air très intéressé. Je le connais ?

– Non, il fait partie du comité de rédaction de la *Revue*. En fait...

Sur le point de révéler qu'il allait prendre sa place, elle n'alla pas plus loin. Ce n'était pas le moment. C'était trop compliqué.

– D'accord, dit Cat, mais je ne peux pas rester longtemps. J'ai laissé Eddie tout seul au magasin et je crois qu'il veut partir tôt, il a un cours de yoga près de Holy Corner.

– Bien, dit Isabel. Pauvre Eddie...

– Eddie est comme ça, déclara Cat sans aller plus loin.

– C'est vrai. On peut dire la même chose de chacun de nous, *mutatis mutandis.*

Cat la regarda de biais.

– C'est-à-dire en changeant ce qui doit être changé. Le nom, dans ce cas.

Cat ne répondit rien. Elles étaient dans le hall et Dove apparut à la porte du bureau. Isabel fit les présentations et Christopher s'avança pour serrer la main de Cat. Isabel remarqua tout de suite que Cat changeait d'attitude.

– Nous allons prendre le thé dans la cuisine, dit-elle.

– Où est… ? demanda Cat en levant les yeux vers l'étage.

– Il est avec Grace cet après-midi, dit Isabel.

Elle ne voulait pas parler de Charlie devant Dove. Grace l'avait emmené respirer le bon air du jardin botanique. Isabel, qui préférait que Charlie ne soit pas là pendant sa rencontre avec Dove, n'avait pas fait remarquer que l'air de Merchiston, où elle habitait, était aussi pur que celui d'Inverleith, où se trouvait le jardin botanique. Il était même plus pur, car des miasmes montaient parfois des rives du Firth of Forth qui n'avaient rien de salubre.

Ils se rendirent dans la cuisine.

– Quelle grande maison ! dit Dove. À Londres, nous devons nous contenter de…

– Oui, c'est surpeuplé, l'interrompit Isabel. C'est très triste.

Cat observait Dove. Cette scène en rappelait une autre, qu'Isabel avait souvent observée dans son jardin, quand le chat tigré du voisin guettait les oiseaux. La pensée fit sourire Isabel, qui se retourna pour brancher la bouilloire et cacher son amusement. Amusement de courte durée, car elle se dit soudain : Non, elle ne va pas oser !

Isabel dut sortir un moment sous un prétexte quelconque. Elle s'arrêta dans le hall et se dit qu'elle ne supporterait pas que Cat tombe amoureuse de lui. Dove ! Elle inspira profondément avant de retourner dans la cuisine, où Cat et Dove discutaient avec beaucoup d'animation :

– C'est une si grande ville… Vous connaissez Londres… Une épicerie fine ? J'en ai une tout près de chez moi à Islington… Ça doit donner beaucoup de travail…

À quoi Cat répondait :

– J'ai une amie qui habite Londres… Je devrais y aller plus souvent… J'adore… cette excitation, oui, c'est le mot… Vous faire visiter ? Vous restez quelques jours ?

Isabel s'affaira à la préparation du thé. C'était ce qu'elle avait craint. Elle aurait dû s'en douter. Dove était plus âgé que Cat de quelques années, huit ans peut-être, mais il avait l'air très juvénile, et puis c'était exactement son genre physiquement. Il lui rappelait un éphémère fiancé de Cat, Toby. L'histoire s'était terminée en catastrophe. La ressemblance était frappante, il n'y avait rien de surprenant, mais elle n'arrivait pas à y croire : ils en étaient déjà à l'invitation à dîner. Ils auraient tout le temps, déclara Dove, son train ne partait qu'à onze heures.

Isabel tendit à Cat sa tasse en arborant toutes sortes d'émotions : la surprise, la pitié et le reproche d'avoir trahi. Mais ses efforts furent vains. Cat ne la voyait plus, et Dove non plus.

Cat s'en alla une demi-heure plus tard ; Isabel et Dove retournèrent travailler dans le bureau. Ils n'avaient plus grand-chose à faire, Dove pourrait donc partir suffisamment tôt pour rejoindre Cat au magasin et sortir dîner.

– Cat a très gentiment proposé de me montrer un peu la ville ce soir, dit Dove.

– Elle s'intéresse beaucoup… à ce genre de choses.

Isabel avait failli dire « aux hommes ». Elle regarda l'heure à sa montre. Grace n'allait pas tarder, sauf si elle avait emmené Charlie rendre visite à sa cousine qui habitait Stockbridge, tout près du jardin botanique. Jamie, lui, allait arriver d'une minute à l'autre ; il avait prévenu qu'il viendrait tôt pour voir Charlie avant son bain.

Ils étaient sur le point de terminer quand Jamie fit irruption. La porte du bureau étant ouverte, il entra, espérant trouver Isabel.

– Oh, fit-il, désolé de vous déranger !

– Je te présente Christopher Dove, dit Isabel.

Jamie reconnut le nom ; une ombre passa sur son visage.

– Oh…

Christopher Dove se leva pour lui serrer la main.

– Votre neveu ? lança-t-il en se tournant vers Isabel.

CHAPITRE 11

Christopher Dove était retourné à Londres le lundi. Il restait trois jours pleins avant la petite excursion à Jura avec Charlie. Il aurait mieux valu quitter Édimbourg le vendredi, mais Jamie avait un concert à Perth ce jour-là. Il s'était arrangé pour se libérer les lundi et mardi suivants. Il n'aimait pas décaler les cours de ses élèves, mais avait fait une exception.

Encore sous le coup de la visite du philosophe de Londres, Isabel ne décolérait pas. C'était d'ailleurs plus un ressentiment tenace envers Dove lui-même, sa malhonnêteté foncière et ses coups tordus. Il avait convoité la place d'Isabel et avait réussi à l'évincer. Cela, elle aurait pu l'accepter, s'il n'avait pas manifesté tant de duplicité, s'il avait ouvertement fait acte de candidature. Elle en aurait pris son parti, en maugréant sans doute, mais enfin c'était la règle du jeu. Au contraire, il l'avait félicitée avec obséquiosité, comme si la transition s'était effectuée volontairement, alors qu'il s'agissait d'une prise de contrôle hostile, et tous ses beaux discours ne pouvaient le dissimuler.

Mais ce qui la choquait encore davantage n'avait rien à voir avec Dove, ou alors indirectement : elle n'avait pas supporté de voir Cat flirter outrageusement avec Dove. Elle s'était même demandé si Cat avait été mise au courant du changement de direction à la *Revue*, et si cette fraternisation avec l'ennemi, sous les yeux mêmes d'Isabel, n'était pas destinée à retourner le fer dans la plaie. Mais il était impossible que Cat fût au courant ; quoi qu'elle eût mis en œuvre au cours des mois précédents pour blesser ou offenser Isabel, on ne pouvait la soupçonner de cet outrage suprême. Isabel n'en était pas moins scandalisée par sa précipitation. On peut trouver une personne sympathique et avoir envie de la connaître mieux, mais, en dehors des bars et des clubs conçus pour cet usage, on essaie en général de faire preuve de quelque réserve. Était-ce là hypocrisie de sa part, et démodée de surcroît ? Une convention de ce genre a l'intérêt de préserver un certain respect de soi-même. Comment ne pas conclure que celles qui affichent ainsi leur disponibilité immédiate, ce qui dans le cas de Cat avait pris exactement cinq minutes, sont prêtes à suivre le premier venu ? Il faut une certaine retenue dans ces situations, une période de réflexion, même courte, avant que la tractation implicite ne soit conclue.

Elle était choquée que sa nièce se comportât comme une femme facile ; car il n'y avait pas d'autre mot. Elle savait pertinemment que Cat était fatalement attirée par un certain type d'homme ; ses liaisons ne duraient jamais longtemps. Pourtant c'était la première fois qu'elle la voyait comme une femme facile. Ou bien fallait-il parler de *mangeuse d'hommes* ? Les mangeuses d'hommes ne sont pas forcément des femmes faciles, elles ont du style, affichent un certain luxe et réfléchissent longuement avant d'accorder leurs faveurs.

Elle s'amusa un moment à faire le portrait d'une mangeuse d'hommes. Une robe de soie au genou, très décolletée, très ajustée, au drapé savant, et un sac luxueux incroyablement petit en cuir vert. Elle sourit de cette image, mais son sourire s'effaça vite. Cat n'était pas une mangeuse d'hommes, et on ne pouvait dire qu'elle était facile. La vérité, c'est qu'elle était indécise. C'est là une troisième catégorie de femmes, celles qui ne savent pas quel type d'hommes elles veulent, font de multiples essais et n'en trouvent aucun à la hauteur de leurs attentes.

Elle essaya de ne plus penser aux rapports de Cat avec Dove pour revenir à Charlie. Cat finirait bien par changer d'attitude, et Charlie réussirait là où Isabel avait échoué. On ne peut ignorer un bébé très longtemps, même si c'est le produit des amours de sa tante avec son ex-fiancé. Dove, lui, n'avait rien qui fût susceptible de le racheter. Isabel avait choisi sa contre-attaque. Cela demandait un peu de réflexion, mais elle ne voulait pas laisser traîner les choses. Comme le fait remarquer Lady Macbeth à son velléitaire époux, dans certains cas il faut agir vite. Isabel s'était d'abord estimée incapable d'un tel acte ; elle n'aurait même jamais imaginé fomenter un tel projet. Mais elle l'avait fait et elle devait passer à l'action.

Ce qui impliquait d'abord de téléphoner pour donner des instructions, ce qui prit plus de temps que prévu. Finalement, tout fut arrangé. Il fallut ensuite passer un second coup de fil, cette fois-ci à une petite banque privée. Isabel fut mise en relation avec Gareth Howlett. Les choses allèrent vite. Isabel, expliqua Gareth, n'avait pas de problème de liquidités.

– Il arrive que les clients aient un peu de mal à mesurer leur situation financière. Vous n'avez pas à vous faire de soucis, vous savez.

– Je n'aime pas penser à ce genre de choses, dit Isabel.

Elle se rappelait ce que lui avait dit un jour son ami Max : « L'argent n'est un problème que si l'on n'en a pas assez. » Cela semble aller de soi, et pourtant c'est plus profond qu'il n'y paraît. On ne peut pas dire la même chose de la nourriture, par exemple. Ceux qui mangent à leur faim ont néanmoins des problèmes, à en juger par la tyrannie des régimes pour maigrir : les cures, les médicaments, les centres spécialisés, la hantise de la balance.

Une fois l'affaire réglée, Isabel se retrouva dans la situation enviable d'avoir deux jours de liberté devant elle. Dove avait emporté les dossiers des numéros suivants ; Isabel n'avait donc rien d'urgent à faire. Elle pouvait flâner dans les librairies, les galeries d'art, voir des amis, avec la sensation enivrante d'avoir le choix, de n'avoir aucune obligation. À part, bien sûr, Charlie, et Jamie, et la maison, et Grace, et même, plus subtilement, maître Goupil.

Sans en parler à Jamie, elle se rendit le jour suivant dans une maison du quartier des Colonies à Stockbridge, un ensemble de rues bordées par les alignements de maisons mitoyennes en pierre, datant du dix-neuvième siècle. La caractéristique de cet habitat est de présenter deux niveaux séparés, le rez-de-chaussée et le premier étage, qu'on atteint par un escalier extérieur. Ces maisons assez exiguës abritaient à la fin de l'ère victorienne des artisans et ressemblent beaucoup aux cottages du pays minier que l'on voit encore dans la région d'East Lothian, parsemant la plaine qui s'étend jusqu'à la ligne gris-bleu de la mer du Nord. Elles sont très recherchées. Sur le pignon qui donne sur la rue principale, à l'extrémité de chaque ruelle, les attributs des différents métiers ont été sculptés : la roue du meunier, le râteau du malteur, le pied à coulisse, le marteau et le burin du maçon. Aujourd'hui, les artisans ont été remplacés par des professions libérales, de jeunes cadres et des publicitaires. Les maisons restent abordables, et certaines sont encore occupées par des gens plus âgés qui les ont achetées pour une bouchée de pain il y a trente ans.

Elle découvrit Teviotdale Place le long d'une rue qui empruntait un petit pont. La rivière qui arrose Édimbourg, la Leith, allonge ses méandres à travers Stockbridge. Dans les Colonies, les maisons du bout donnent toutes sur la berge, ce qui est agréable en été, quand l'eau est basse, mais un peu dangereux lorsque le débit de la Leith augmente soudain, chargé des pluies qui dévalent des montagnes de Pentland. Cette rue agréable illustre parfaitement la préférence des citadins pour les cours où les enfants peuvent jouer, surveillés des deux côtés. Aux piquets de fonte qui ornent les minuscules pelouses on accroche une corde à linge.

Guy Peploe lui avait donné cette adresse la veille, lorsqu'elle lui avait rendu visite à la Scottish Gallery. Ils avaient discuté de McInnes, elle avait à nouveau étudié le tableau de Jura qui était encore en la possession de Guy. Au fil de la conversation, il avait dit avoir vu la veuve de McInnes quelques jours auparavant. Elle vivait toujours à Édimbourg et il avait parfois l'occasion de la rencontrer.

– Est-ce qu'elle a épousé l'homme avec qui elle avait eu une liaison ?

Guy regardait par la fenêtre de son bureau qui donnait sur le jardin de derrière, où le soleil entrait à flots.

– Non, répondit Guy. Il est allé à Londres, je crois. Il est peintre, lui aussi. Il me semble qu'il a reçu un héritage et qu'il est parti avec quelqu'un d'autre. Elle en a beaucoup souffert. Quand McInnes est mort, elle était enceinte ; elle a eu un enfant.

– De lui ou de McInnes ?

– Je n'en sais rien, dit Guy en haussant les épaules. En tout cas, elle a eu un petit garçon, que j'ai déjà vu chez elle. Il doit avoir à peu près huit ans, ça correspond à la mort de McInnes.

C'était bien triste.

– Elle habite dans les Colonies. Au-dessus de ce type qui joue du violon dans les concerts de musique traditionnelle. Vous le connaissez peut-être, tout le monde le connaît. Il a enregistré beaucoup de disques.

– Effectivement, je le connais. Il joue parfois avec David Todd. C'est un personnage.

– Elle habite au-dessus de chez lui, c'est là qu'elle s'est installée. Si les choses avaient été différentes, avec la cote des tableaux de McInnes aujourd'hui, elle aurait pu vivre où elle voulait, dans le sud de la France par exemple.

– Et ce petit garçon aurait un père, dit Isabel.

– Oui, ça aussi.

Devant la maison de Teviotdale Place, Isabel examinait ses mains, ce qui était son habitude quand elle était nerveuse ; bizarrement, cela lui donnait du courage. Je n'ai aucune raison d'aller voir cette femme, se disait-elle, je ne la connais pas, elle ne me doit rien. Je suis une étrangère pour elle.

Ces considérations ne l'avaient jamais arrêtée auparavant, et pas davantage aujourd'hui. Elle poussa la petite grille en fer et suivit l'allée pour emprunter l'escalier extérieur qui menait à l'appartement du haut. La porte d'entrée était peinte en bleu ; sur une petite plaque, on lisait McINNES. Elle appuya sur la petite sonnette ronde en laiton bien entretenue.

Ailsa McInnes ouvrit la porte. Elle avait à peu près l'âge d'Isabel. Elle était pieds nus et portait un jean et une chemise rayée de couleurs vives.

– Ailsa ?

La femme hocha la tête en souriant. Elle avait une expression ouverte qui plut tout de suite à Isabel.

Isabel se présenta, s'excusant de la déranger et de lui rendre visite sans prévenir. Guy Peploe lui avait donné son nom. Ce n'était que la stricte vérité.

– Guy ? Ah oui, dit-elle en la faisant entrer. La maison est en désordre, excusez-moi. Mon petit garçon n'est pas très ordonné.

– Il est à l'école ?

– Oui, à l'école primaire de Stockbridge, tout près. Il va revenir bientôt. Avec un groupe de parents, nous nous relayons pour accompagner les enfants à l'école et aller les chercher. Ils se donnent la main tous les cinq.

– Autrefois on appelait ça marcher en crocodile, dit Isabel en souriant.

Elle se rappelait cette école maternelle d'Édimbourg où l'on attachait les enfants à une corde pour les promener, une solution de bon sens que l'État-nounou ne tolérerait plus de nos jours. Aujourd'hui les autorités interdiraient plutôt les promenades, jugées trop dangereuses.

– C'est ça, en crocodile.

Elles s'assirent dans la salle de séjour. La présence d'un petit garçon était manifeste : un jeu de construction éparpillé dans un coin de la pièce, un ballon et une paire de chaussures de football boueuses, des bandes dessinées, Korky le Chat, Desperate Dan le cow-boy. Tout l'univers d'un petit garçon qui n'a pas encore découvert les joies de l'électronique.

– Vous devez vous demander pourquoi je suis venue vous rendre visite, dit Isabel. C'est à propos d'un tableau d'Andrew.

– Je vois, fit Ailsa d'une voix égale.

Après tout, huit ans avaient passé, se dit Isabel.

– Je ne sais pas si vous êtes au courant, mais deux tableaux ont été mis en vente récemment.

– Ça arrive, dit Ailsa en haussant les épaules. Je dois avouer que je ne suis pas ça de très près. J'en possède une dizaine moi-même. Pas ici, mais chez ma mère. J'en vendrai peut-être un ou deux plus tard si on a besoin d'argent.

Elle indiquait du geste la pièce qui, malgré le désordre, était très confortable.

– Pour l'instant, il n'y a pas de problème. J'ai un emploi à mi-temps bien payé et la maison est à moi. Vous voudriez m'acheter un tableau, c'est ça ? ajouta-t-elle en regardant Isabel d'un air interrogateur.

– Non, non, assura Isabel. Vous devez être très sollicitée ?

– C'est arrivé, surtout depuis que les œuvres d'Andrew sont devenues si recherchées. Un collectionneur de New York est venu me voir l'autre jour. Un type très riche, qui a trois tableaux d'Andrew et le préfère à Cadell ou Eardley. Il m'a laissée entendre que l'un d'eux voisine avec son Wyeth.

– Il est en bonne compagnie. Personnellement, j'en possède un petit, que j'ai mis dans l'escalier. Mais je dois avouer qu'il ne voisine pas avec des chefs-d'œuvre.

– Donc vous ne voulez pas m'acheter un tableau ?

– Non, non. Mais quelqu'un m'en a proposé un, acquis lors d'une vente aux enchères. C'est un paysage de Jura.

Isabel chercha dans sa poche une feuille du catalogue de Lyon & Turnbull.

– Il est photographié là. Je me demandais si vous le connaissiez.

– Non, je ne me souviens pas de celui-ci, dit Ailsa après avoir étudié la photographie. Mais s'il a été peint à Jura, alors ce doit être…

Sa voix trembla un peu.

– C'est peut-être un des derniers. Ceux qu'il a peints après son départ.

Ailsa n'avait plus un ton aussi assuré ; on devinait le regret et peut-être, se dit Isabel, le remords.

– Oui, sans doute. Je voulais juste vous demander si vous en saviez davantage.

– Non, mais c'est de lui, vous savez. J'en suis sûre. Il suffit de regarder.

À ce moment, la porte s'ouvrit et un petit garçon entra. Il était en train d'enlever un pull-over bleu, qu'il jeta par terre.

– Pas par terre, Magnus, dit Ailsa sur un ton de reproche. On ne jette pas ses vêtements par terre.

Charlie ferait sans doute la même chose. Magnus regardait Isabel avec la curiosité non dissimulée des enfants.

– C'est une dame qui aime les tableaux de papa, elle est venue m'en parler. Tu peux aller dans la cuisine et prendre un biscuit au chocolat. Un seul.

Magnus se précipita dans la cuisine. « Papa », se dit Isabel. Voilà au moins un point éclairci. En tout état de cause, l'enfant avait été élevé comme le fils d'Andrew McInnes, qu'il n'avait jamais connu, qui n'était qu'un nom pour lui, une abstraction. On lui avait sans doute appris à en être fier. Mais cela ne remplaçait pas un père de chair et de sang qui partage vos jeux, vous apprend à taper dans un ballon, vous aide à grandir.

CHAPITRE 12

Dans la voiture suédoise verte, où s'empilait tout l'équipement que requiert un bébé, ils étaient un peu serrés. Isabel descendit prudemment le plan incliné jusqu'à l'embarcadère de Port Askaig. Charlie s'était réveillé ; dans son siège bébé, il contemplait le plafond, complètement fasciné. Il avait semblé apprécier la première partie de la traversée, du promontoire de Kintyre à l'île d'Islay ; ils allaient maintenant entamer les cinq dernières minutes du périple pour atteindre Jura. Le balancement du ferry et le bruit des moteurs l'avaient transporté de ravissement.

– Le bruit, le mouvement, tout ça lui rappelle la vie *in utero*, dit Isabel.

Jamie regardait par la vitre les montagnes de Jura, de l'autre côté du détroit, qui se dressaient abruptement depuis le rivage, sans même la présence d'une bande de terre cultivable. Entre les éboulis, un tapis de bruyère montait jusqu'au sommet aux courbes très féminines.

La bruyère avait ces tons passés caractéristiques, des verts et des violets délavés par les bourrasques d'eau salée qui viennent de l'Atlantique.

Avec un tumulte de moteurs et d'eaux bouillonnantes, le petit ferry accosta ; ils étaient arrivés à Jura. Trois ou quatre voitures gravirent la rampe. Il n'y avait qu'une route, qui menait dans une seule direction.

– C'est notre route, dit Jamie. Je suppose.

– La route, dit Isabel en souriant. Un seul hôtel, une seule distillerie.

– Cent quatre-vingts habitants. Et combien de cerfs et de moutons ?

– Beaucoup. Des milliers. Regarde.

À quelques centaines de mètres, à un angle de la route, un cerf était aux aguets en haut d'un talus. Les pattes dans les fougères, les bois dressés, nus et effilés, comme un arbre dont l'hiver a fait tomber les feuilles. Ils ralentirent et il les regarda brièvement, sur le qui-vive, avec un mélange de défi et de peur. Puis il se retourna majestueusement et s'enfonça dans les fourrés.

– Nous le reverrons, dit Isabel, lui ou l'un de ses frères.

– J'aime cet endroit, lança Jamie brusquement en se tournant vers Isabel. Je crois que j'en suis tombé amoureux.

Elle lui jeta un coup d'œil et vit la lumière dans ses yeux. La voiture fit une légère embardée.

– Moi aussi, quand je suis venue la première fois, je suis tombée sous le charme, dit-elle.

– Mais pourquoi est-ce que cet endroit fait un tel effet aux visiteurs ?

– Il y a des tas de raisons, répondit Isabel après un moment de réflexion. Les montagnes, la mer, tout. Des paysages impressionnants.

– Mais ça se trouve partout, rétorqua Jamie. Le Grand Canyon est impressionnant, lui aussi. Pourtant je n'en tomberais pas amoureux. Je serais impressionné, mais ça resterait platonique...

– J'ai vu le Grand Canyon, dit Isabel, il y a des années. Mais je n'en suis pas tombée amoureuse. C'est difficile avec un canyon.

Il lui vint pourtant en mémoire un poème qui disait exactement le contraire. Sans se tourner vers Jamie, elle prononça les vers à voix basse :

> Oui, il faut à l'amour un objet.
> Peu importe lequel.
> Enfant, j'aimais un moteur de pompe
> Aussi beau que toi.

– Un moteur de pompe ? dit Jamie en fronçant les sourcils.

– Oui, c'est bien ce qu'Auden veut dire. On a tous besoin d'un objet, d'une personne, peu importe, à aimer. Même une île peut faire l'affaire.

Ils restèrent silencieux quelques minutes. Ils longeaient un haut mur de pierre ; le portail s'ouvrait sur une des quelques belles demeures de l'île, trônant au centre d'un de ces grands domaines qui découpent le territoire écossais. Ces propriétés n'ont plus rien de belliqueux aujourd'hui. Ce ne sont que de grosses fermes qui essaient de survivre en vendant des droits de chasse et de pêche, et grâce à d'autres activités rurales. Nombre de ces domaines sont passés dans des mains étrangères. L'aristocratie locale des grands propriétaires fonciers a pratiquement disparu. Les occupants actuels ne font que des séjours rapides ou bien s'en désintéressent complètement. Il y a tant d'injustice sociale en Écosse, tant de poches de pauvreté et de désespérance que tous les efforts des autorités d'Édimbourg ne sont pas parvenus à éliminer ! Comme si ces injustices étaient liées à la terre de façon indissoluble, par le contrat passé avec les premiers occupants. L'âme du pays en est restée blessée, et chaque génération en porte les cicatrices.

Ils se trouvaient tout près de Craighouse, le seul village de l'île. Les foins mûrissants, dorés par le soleil de l'après-midi, s'étendaient à l'est jusqu'à la crête des falaises. Isabel remarqua non loin une petite ferme en ruine, au milieu d'un champ. Les murs de pierre couverts de lichen tenaient encore debout, mais il n'y avait plus ni toit ni fenêtres.

– Si tu aimes tant l'île, dit-elle en montrant les ruines à Jamie, tu pourrais restaurer une vieille maison comme ça et l'habiter. Tu pourrais composer, et même donner des cours de basson aux insulaires.

– Pourquoi pas ? répondit Jamie. J'arriverais à subvenir à mes besoins, j'en suis sûr. Un peu de pêche, des lapins pour la marmite.

Isabel pensa, sans le dire, qu'il n'y aurait alors plus de place pour elle, ni pour Charlie. Ils arrivaient au village de Craighouse. Sur la droite, le petit hôtel voisinait avec la distillerie avenante, avec ses bâtiments peints en blanc et ses entrepôts au fond.

– Nous y sommes, dit Isabel.

Ils s'arrêtèrent devant l'hôtel. Jamie baissa la vitre. Il tombait une pluie fine et le ciel s'était soudain couvert, comme souvent. L'air chaud sentait l'algue. L'hôtel donnait sur la baie, qui offre aux bateaux un abri sûr grâce à la présence d'une île basse. Quelques voiliers se balançaient sur leur ancre. À l'amarre, un petit bateau servant à la pêche côtière étalait ses filets sur la bôme. Tout respirait la tranquillité, celle qui s'installe quand rien n'est urgent, rien n'est pressé.

Ils entrèrent dans l'hôtel. Charlie avait commencé à gémir. Ils l'emmenèrent tout de suite dans la chambre pour le changer et le nourrir. En donnant le biberon, assise sur le lit, Isabel vit par la fenêtre Jamie qui se dirigeait vers la digue et observait les bateaux dans la baie. Elle fut saisie d'un sentiment de possession qui la surprit par son intensité, mêlé à l'angoisse que l'on éprouve quand on craint de perdre ce que l'on aime. Le paysage insulaire avait fait resurgir des profondeurs de sa mémoire les bribes d'une chanson à moitié oubliée qu'elle avait entendue autrefois : « Je crains que le soleil brûlant ne gâche sa beauté. » Le reste des paroles lui revint tout à coup, ainsi que la mélodie :

Mon amour a traversé ces prés avec ses joues de roses,
Mon amour a traversé ces prés en cueillant de jolis
bouquets,
Je crains que le soleil brûlant ne gâche sa beauté,
Si j'étais avec lui, je ferais ce que dois.

Elle se leva et alla jusqu'à la fenêtre, Charlie contre son épaule, pour qu'il fasse son rot. Elle regarda Jamie et lui fit un signe de la main. Il se retourna et elle lui fit signe à nouveau. Lui aussi leva la main. Je t'aime tant, je t'aime plus que tu ne le sauras jamais, Jamie, bien plus.

Comme ils étaient arrivés en fin d'après-midi, il restait peu de temps avant le dîner, servi à sept heures. En revenant de la digue, Jamie avait relayé Isabel auprès de Charlie pendant qu'elle allait faire un tour le long de la route qui, au-delà de la distillerie, menait à la salle commune du village. Venant de l'Atlantique, des taches de nuages blancs couraient très haut sur le bleu du ciel à nouveau dégagé. Derrière l'école, elle vit un vol d'oies du Groenland au plastron blanc ; le battement de leurs ailes sonnait comme un tambour étouffé. Elle arriva sur la plage, une bande de galets jonchée de varech et de bois blanchi.

Elle savait qu'elle était arrivée à l'endroit qu'elle

cherchait. En regardant droit derrière elle, elle voyait le toit de la distillerie au travers des arbres qui se détachaient sur le flanc de la montagne. Elle recula de quelques pas et regarda à nouveau, cette fois-ci en s'accroupissant à moitié, comme un artiste assis sur son pliant. Il était impossible que dans cette position il ait pu voir le toit de la distillerie ou la petite maison près des arbres, en bas des collines. Elle avait donc raison.

Quand elle rentra dans la chambre, Jamie mit un doigt sur ses lèvres. Charlie s'était endormi dans son couffin.

– Tu es restée des heures, chuchota-t-il. Où es-tu allée ?

Isabel ôta sa veste et la secoua. Elle se pencha sur Charlie et lui envoya un baiser.

– Un peu plus loin, répondit-elle.

– Et alors ?

– Pas grand-chose. J'ai vu des oies du Groenland retournant à Islay.

– Je meurs de faim, dit Jamie en regardant sa montre.

Pendant le dîner, alors que la conversation languissait, elle s'ouvrit à Jamie :

– Tu te rappelles ce tableau que j'ai failli acheter ?

– Je savais bien que tu avais une raison pour venir ici, dit Jamie en prenant son verre. Ça a quelque chose à voir avec ce tableau.

Isabel le regarda pour savoir s'il était fâché, mais elle

ne vit que le triomphe de celui dont les soupçons se trouvent justifiés.

– Non, je voulais venir ici de toute façon, à un moment ou à un autre. Mais j'ai pensé que…

– Tu t'es dit que tu pouvais te mêler de quelque chose, c'est ça ? Et c'est quoi au juste ?

Que répondre ? Il n'y avait rien de tangible. Et, d'ailleurs, elle ne se mêlait pas des affaires des autres, contrairement à ce que prétendait Jamie, elle essayait simplement d'aider, ce qui est différent.

– Je ne me mêle pas…

– Mais si, Isabel, l'interrompit Jamie. Tu ne peux pas t'en empêcher.

Elle baissa les yeux, et il comprit qu'il l'avait offensée. Au moment où il allait expliquer que s'il critiquait Isabel, c'était simplement parce qu'il ne comprenait pas ce désir de se mêler des affaires des autres, elle lança :

– J'ai regardé, c'est tout. Je n'étais plus très sûre de l'authenticité du tableau que Walter Buie voulait me revendre. De toute façon, je voulais venir à Jura. C'est un bon moyen de faire d'une pierre deux coups.

– Un faux ? s'écria Jamie, stupéfait. Tu crois que c'est un faux ?

Comme il avait élevé la voix, une femme à la table voisine le regarda. Puis son regard se porta sur Isabel, avant de revenir à Jamie. Isabel remarqua sa broche, une sorte de spirale d'inspiration celte qui rappelait le cheval marin du folklore gaélique.

– Oui, dit-elle en baissant la voix. C'est une possibilité. C'est ce que je me suis dit.

Jamie, tout en jouant avec le pied de son verre, pensait qu'Isabel avait une imagination hyperactive. Non qu'il désapprouvât, au contraire : cette imagination faisait partie de son charme, ainsi que l'art de faire des remarques ironiques et inattendues. Aucune femme de sa connaissance ne s'exprimait comme elle, et il en était fier.

– Mais pourquoi ? demanda-t-il. Guy Peploe n'avait pas l'air d'avoir de soupçons, et c'est un expert. Sans parler des spécialistes de la salle des ventes ; ils n'auraient jamais mis ce tableau aux enchères s'ils avaient eu des doutes sur son authenticité. Alors pourquoi est-ce que toi…

Sur le point d'ajouter « qui n'es pas vraiment spécialiste », il se ravisa. Mieux valait que cela restât implicite.

– Ça doit te paraître bizarre, dit Isabel, mais j'ai l'impression qu'il y a quelque chose de pas très clair autour de cette toile.

– Mais pourquoi ? soupira Jamie. Il faut avoir des preuves pour avancer une chose comme ça. Une « impression », ce n'est pas suffisant.

Isabel lui avait déjà parlé de sa conception de l'intuition, de la façon dont elle fonctionne. Pour elle, c'est une certitude qu'on ne peut traduire en mots. Il ne comprenait pas comment il est possible de savoir quelque chose sans savoir comment on le sait. Cela n'avait aucun sens. En musique, on sait pourquoi on aime tel ou tel morceau, car on peut l'analyser en termes de structure musicale et voir pourquoi c'est bon ou mauvais. On sait, et on peut expliquer ce que l'on sait.

Mais Isabel était persuadée que ses soupçons avaient un fondement.

– Pourquoi Walter Buie veut-il le revendre si rapidement ? Est-ce que tu ferais la même chose à sa place ? Tu achèterais un tableau pour le revendre quelques jours après ?

Comme Jamie ne répondait pas, elle poursuivit :

– Non, bien sûr. Sauf si tu découvres quelque chose que tu ignorais avant de faire l'acquisition.

– Il a pu agir sur un coup de tête, suggéra Jamie. Il y a plein de gens qui rapportent leurs achats à la boutique le lendemain. Surtout des femmes. Elles achètent un petit ensemble, puis elles s'aperçoivent qu'il ne leur plaît pas vraiment, et elles le rapportent.

– Tu veux dire que les hommes ne le font pas ? lança Isabel sur un ton ironique.

– Exactement. J'ai travaillé chez Jenners quand j'étais étudiant. Tout le monde savait que les hommes ne rapportent pas leurs achats. J'ai appris ça pendant le cours de formation. Un type du magasin avait des statistiques. Les hommes ne ramènent jamais les vêtements.

Il avait sûrement raison.

– D'après toi, Walter Buie, parce que c'est un homme, n'aurait jamais rapporté le tableau à la salle des ventes, il essaierait plutôt de le revendre ?

– Oui. Mais, de toute façon, on ne peut pas rapporter un objet à une salle des ventes. Ce n'est pas comme un magasin de vêtements.

– Je ne vois pas où tu veux en venir, déclara Isabel.

– Tout ce que je dis, c'est qu'il peut avoir d'autres raisons pour te le proposer. Sous prétexte qu'il a envie de s'en débarrasser, tu ne peux pas en conclure que c'est un faux.

Certes, mais ce n'était pas tout.

– Guy était surpris que la toile ne soit pas vernie, ajouta-t-elle. Il dit que McInnes vernissait toujours ses tableaux.

– Pourtant il n'en a pas déduit que c'est un faux. Ce n'est peut-être pas un détail important.

Elle devait bien en convenir aussi. Il avait démoli deux de ses arguments et elle dut se rabattre sur son intuition. Elle ne savait pas pourquoi cette virée à Jura avait renforcé sa conviction, mais en se promenant dans l'après-midi, en contemplant la vue qui avait inspiré l'artiste, cette impression n'avait fait que croître. Le tableau était plus ou moins fidèle à la perspective vue de la plage, il n'y avait rien de plus ou de moins que dans la réalité, et pourtant quelque chose la gênait. Ne sachant comment le prouver, elle décida de changer de sujet.

– Passons à autre chose, dit-elle en levant son verre.

Je garderai mes soupçons pour moi. Contentons-nous d'apprécier cet endroit.

– Aux trois prochains jours ! fit Jamie en levant lui aussi son verre.

Sur un ton de reproche, il ajouta :

– Et je t'en prie, Isabel, par pitié…

– Promis.

Elle était sincère en faisant cette promesse, sans l'être tout à fait. On peut vouloir une chose et aussi son contraire.

Chapitre 13

– Tu pourrais m'en dire davantage sur Lizzie ? demanda Jamie.

Ils étaient en train de faire le tour de l'île, sur la route étroite longeant la côte. Les montagnes de Jura se dressaient sur leur gauche, tour à tour cachées par les nuages ou balayées par les rayons du soleil, sentinelles protégeant l'Écosse contre les assauts de l'Atlantique. De l'autre côté du détroit de Jura, sur leur droite, s'étageaient les montagnes écossaises, bleu sur bleu. La mer calme brillait comme un miroir argenté.

– Lizzie, je l'ai connue quand je suis venue ici il y a quatre ans. J'habitais chez des amis qui avaient loué Ardlussa House, là où nous allons. Les parents de Lizzie n'étaient pas là, mais elle était restée pour faire la cuisine. Elle avait une vingtaine d'années. C'est la reine du homard et de l'écrevisse. Elle pose elle-même ses casiers à homards. Pour les coquilles Saint-Jacques, elle connaît les plongeurs du coin. Et puis on s'est rencontrées à nouveau à Glen Lyon, où je passais un week-end. Lizzie avait été embauchée comme cuisinière. C'est son métier d'ailleurs. Je l'ai vue plusieurs fois à Édimbourg. Elle est très drôle. Elle peut faire face à toutes les situations.

– C'est sûrement une nécessité quand on habite ici, dit Jamie. Sinon on ne survivrait pas longtemps. Et toi, tu te vois vivre ici ?

Il se recula sur son siège pour éviter l'air qui s'engouffrait par la vitre ouverte d'Isabel. Elle prit le temps de réfléchir. Devant la splendeur du paysage, cela paraissait peut-être grossier de dire non. Pourtant elle ne pourrait se passer de la vie en ville, des amis, de la conversation, des cafés.

– Je ne crois pas, dit-elle finalement. Je moisirais.

– Ça peut être sympa de moisir un peu. Je pense qu'ici on n'a pas la même conception du temps.

– Tu crois que le temps ralentit ?

Jamie se disait qu'il n'avait pas regardé sa montre de la matinée et n'avait aucune idée de l'heure. À Édimbourg, son temps était saucissonné en segments d'une demi-heure chacun : trente minutes pour un cours, et on passe au suivant. Les sarabandes, les suites pour basson et piano, les arpèges, toutes ces notes, des milliers et des milliers de notes.

– On le perçoit différemment, dit-il. Quand on fait quelque chose qu'on aime, le temps passe plus vite. C'est pareil lorsque tout le monde s'agite autour de soi.

– C'est le temps subjectif. Une semaine, c'est si long quand on a dix ans !

– Oui, c'est bizarre. Quand j'étudiais la musique à Glasgow, le temps passait si lentement ! Aujourd'hui, j'ai l'impression qu'une semaine ne dure que quelques minutes.

– Il y a une bonne raison à ça, expliqua Isabel. Tout dépend de la quantité de souvenirs qu'on accumule. La première fois qu'on fait quelque chose, on amasse des tas de souvenirs. Ensuite, ça devient la routine...

– Et on n'a plus de souvenirs ? lança Jamie, incrédule.

– Si, si. Mais quand on tombe dans une certaine routine et qu'il n'y a pas autant de nouveautés, on ne se sent pas obligé de tout enregistrer. Donc on croit que le temps passe plus vite.

Il resta silencieux un moment, repensant à l'époque où, pendant toute une année, il avait été persécuté à l'école par un autre élève. Cette période d'oppression lui avait semblé interminable. Et puis, un beau jour, le persécuteur avait disparu. Pour une raison inconnue, il s'était évaporé comme un mauvais rêve. Quant à Isabel, elle jeta un bref regard à Jamie, se demandant si elle se souviendrait de chaque minute qu'elle passait dans cet endroit merveilleux avec lui. Et avec Charlie. Elle tourna la tête brièvement vers l'arrière ; la voiture verte suédoise fit une très légère embardée, puis reprit bien vite sa trajectoire, longeant l'île, passant devant les moutons écossais à tête noire, derrière les caractéristiques murets de pierre sèche qui séparaient les parcelles, élevés il y a tant d'années par des hommes pauvres qui travaillaient dur et dont les noms avaient à jamais disparu.

Depuis Ardlussa House, qui donnait sur la baie du même nom, la pelouse descendait doucement vers un champ, que bordait une digue. Derrière la maison, la Lussa dévalait des montagnes jusqu'à son embouchure d'Inverlussa, à un kilomètre et demi de là. La demeure, construite au dix-neuvième siècle, avait été agrandie au début du vingtième. La façade était blanche et l'arrière gris ; le style était un peu anarchique. Elle trônait au centre d'un domaine de montagnes et de petites forêts abritant des cervidés, principale ressource de la famille qui habitait la grande maison, et de quelques ouvriers agricoles et gardes-chasse. Typique de ce genre d'habitation, le hall d'entrée était confortable et informel, avec les nombreux bâtons de randonnée, les *cromachs* de berger à crosse haute, et aussi le parapluie de golf vert, tordu et poussiéreux, qui, même dans sa prime jeunesse, n'avait pas dû fournir grande protection contre les éléments. Là, quand il pleut, c'est sérieux. De larges écharpes de pluie tombent directement des nuages qui déboulent de l'Atlantique, des pluies verticales, horizontales, tournantes. À d'autres moments, l'air est simplement saturé d'eau. On ne voit pas de gouttes, mais une espèce d'humidité suspendue et comme vaporisée par un atomiseur, qui s'attache aux vêtements et à la peau. C'est alors que ces moucherons qu'on appelle « simulies » font leur apparition, ces petites créatures qui se moquent des crèmes protectrices et s'attaquent à tous les humains se trouvant sur leur chemin. On a vu des randonneurs malchanceux se précipiter dans la rivière pour échapper à ces nuages d'insectes.

Lizzie les accueillit à la porte et les emmena dans la cuisine. Elle n'avait pas encore rencontré Jamie, et Isabel remarqua son air surpris, qu'elle dissimula immédiatement avec tact. Quand Jamie sortit pour aller aux toilettes, Isabel dit simplement :

– Oui, nous sommes ensemble. Et c'est notre bébé.

– Je suis très heureuse pour toi, dit Lizzie d'un air complice. Mais où ?...

– Où est-ce que je l'ai déniché ?

Lizzie rougit. Elle n'avait pas voulu poser la question de façon aussi directe, mais était néanmoins intriguée. Isabel était séduisante, on pouvait comprendre qu'un homme fût attiré par elle, mais quand même, un homme d'une telle beauté ! Enfin, il fallait bien que quelqu'un le dénichât un jour, tant mieux si c'était Isabel.

– Il est très..., lança Lizzie sans pouvoir finir sa phrase.

– C'est vrai, dit Isabel, et en plus il est très gentil.

Jamie revint dans la cuisine et Lizzie prépara le thé. Elle posa un Dundee cake qu'elle avait confectionné sur le plateau et ils allèrent au salon. Aux murs, des paysages des îles, une vieille carte ; sur les tables, des piles de livres. Isabel remarqua la biographie d'Orwell écrite par Bernard Crick, qu'elle se mit à feuilleter.

– Vous voulez aller voir Barnhill ? demanda Lizzie, ne sachant pas si Jamie connaissait l'histoire. C'est là qu'Orwell a écrit *1984*. On peut visiter.

– C'est vrai ? dit Jamie, l'air intéressé.

– Oui, confirma Lizzie. Vous saviez qu'il avait aussi habité cette maison ? Cette pièce où nous sommes. C'était mon grand-père qui vivait là à l'époque. Orwell le faisait parler de son expérience de prisonnier de guerre des Japonais. Certains pensent que c'est ici qu'il a puisé son inspiration pour ces affreuses tortures dans *1984*, la fameuse pièce 101. C'est Robin Fletcher, mon grand-père, qui lui avait raconté. Les Japonais ont fait preuve de beaucoup de cruauté.

– J'aimerais bien y aller, dit Jamie en regardant Isabel d'un air interrogateur.

Celle-ci hocha la tête.

– Je peux m'en occuper, dit Lizzie. Aujourd'hui, c'est mon oncle qui est propriétaire de cette partie du domaine d'Ardlussa et de la maison où Orwell a habité. Mon cousin Rob y est en ce moment. Il pourrait venir nous chercher : il y a à peu près onze kilomètres de piste assez difficile. Il faut un 4 × 4. Je crains que ta voiture…

Elle regarda Isabel avec l'air moqueur qu'on réserve à la campagne aux citadins invétérés.

– Ma voiture suédoise est très robuste, répliqua Isabel. Mais je reconnais qu'elle est un peu basse pour ce genre de terrain.

– Je vais téléphoner à Rob, dit Lizzie. Demain, ça vous irait ? On y va demain ?

Ils discutèrent de leur projet quelques minutes. Après le thé, Jamie alla faire un tour dehors. Isabel et Lizzie restèrent dans la maison pour bavarder et nourrir Charlie, qui s'était réveillé et regardait autour de lui avec beaucoup d'attention. Lizzie l'avait pris sur ses genoux et s'amusait à le balancer d'avant en arrière. Isabel observait Jamie par la fenêtre. Il se mit soudain à se donner de grandes claques sur le visage et les oreilles, attaqué par un essaim invisible. Puis il dévala la pelouse en courant vers la digue.

– On ne peut pas distancer les moucherons, dit Lizzie en riant.

– On leur survit, c'est tout.

Lizzie la regarda d'un air ironique.

– Tu te rappelles les drosophiles au cours de biologie ? demanda Isabel. La mouche du vinaigre ? Elles ont droit à deux ou trois semaines de vie, c'est ça ? Deux ou trois semaines en tout et pour tout. Le moucheron des Highlands a à peu près la même durée, pas grand-chose.

– Pourtant je n'ai aucune pitié pour eux, dit Lizzie. Il y a quand même des limites.

Isabel était bien placée pour le savoir ; son principal problème, c'était de décider jusqu'où on peut pousser la tolérance. Il lui était souvent arrivé de se retrouver dans un guêpier, simplement parce qu'elle avait voulu régler les problèmes des autres. Depuis, elle avait résolu de faire preuve de plus de bon sens et de ne pas se mêler de ce qui ne la regardait pas, si rien ne l'y obligeait moralement. Du moins, c'est ce qu'elle essayait de faire.

Ils retournèrent à l'hôtel au début de l'après-midi. Lizzie avait proposé qu'ils déjeunent avec elle, mais Isabel ne voulait pas abuser de son obligeance, dans la mesure où Lizzie s'était déjà libérée le lendemain pour les emmener à Barnhill. Ils restèrent à l'hôtel pendant la sieste de Charlie. Avant le dîner, ils descendirent au bar. Jamie avait commandé un whisky. Il leva son verre devant la fenêtre pour apprécier la belle couleur ambre. Le verre réfractait la lumière faisant de la distillerie en face un assemblage anarchique de blocs blancs.

– Vous venez d'Édimbourg ? demanda le sympathique barman.

– Oui, dit Isabel. Désolée.

– Il y a pire, répondit le barman en souriant.

– Sûrement, mais il ne faut pas le dire. Quand on y vit, on peut s'attacher même aux pires endroits.

Pendant qu'il méditait, Isabel décida de tenter sa chance :

– Vous vivez ici depuis longtemps ?

– Je suis venu d'Arran il y a exactement onze ans,

dit-il. Ma femme est originaire de Jura et nous nous sommes installés ici.

Consciente que Jamie avait les yeux fixés sur elle, Isabel porta son verre de vin blanc à ses lèvres en évitant de le regarder. Estimant que cela ne le concernait pas, jamais il n'aurait posé cette question. De toute façon, cela n'intéressait personne.

– Est-ce que vous vous souvenez d'un artiste qui venait souvent ici, il y a huit ans environ ?

Pour admirer son travail, le barman leva le verre qu'il essuyait soigneusement avec un torchon blanc impeccable.

– Vous voulez parler de McInnes ?

Isabel jeta un coup d'œil rapide à Jamie : il la regardait en fronçant les sourcils. Tant pis, se dit-elle.

– C'est ça, Andrew McInnes.

Le barman rangea le verre, en prit un autre dans l'évier.

– Oui, je m'en souviens. Je le connaissais bien. Vous savez sans doute qu'il s'est noyé ?

– Oui, j'ai lu ça quelque part, dit Isabel. Qu'est-ce qui s'est passé exactement ?

– C'est le Corryvreckan qui l'a eu, déclara le barman en attaquant un second verre. Vous avez entendu parler du Corryvreckan ?

Isabel répondit par l'affirmative, même si elle ne l'avait jamais vu de ses propres yeux.

– Mieux vaut ne pas aller le regarder de trop près, ou alors il faut rester sur la terre ferme. Il y a de gros remous dans le golfe de Corryvreckan. Quand la marée monte, vous comprenez, elle dépasse Jura et Scarba, et comme il y a une montagne immergée, le Hag, ça crée un fort courant, une « marmite », comme on dit. C'est le Corryvreckan.

Fasciné, Jamie en oubliait de fusiller Isabel du regard.

– Ça peut faire couler un gros bateau ? demanda-t-il.

– Autrefois, la marine royale classait le golfe de Corryvreckan dans la catégorie non navigable, dit le barman en haussant les épaules. C'est le seul bras de mer en Grande-Bretagne où la marine ne s'aventurait pas. Mais on dit que c'est possible de s'en approcher, si on est très prudent et qu'on connait bien le coin. En gros, si on n'est pas d'ici, il vaut mieux éviter. Il y a effectivement des bateaux qui ont coulé. Des gens se sont noyés. McInnes par exemple.

Ils méditèrent ces réflexions. Ce fut Jamie qui rompit le silence :

– J'ai lu quelque part qu'il y a des gens qui font de la plongée. C'est possible ?

– Oui, enfin, c'est limite, répondit le barman. À marée basse, il y a un petit intervalle de cinq à dix minutes, pas plus. Un gars du coin peut vous emmener en bateau si vous êtes assez chevronné. Ils font descendre une balise au bout d'un filin, qu'on suit jusqu'au sommet de la montagne sous-marine. Il faut garder l'œil sur les bulles. Dès que les bulles descendent au lieu de monter, c'est le signal qu'il faut remonter au plus vite. Sinon, on est aspiré par trois cents mètres de fond. Vous faites de la plongée ?

– Non, non, répondit Jamie en frissonnant.

– Tant mieux, fit le barman avec un petit sourire. Si vous aviez dit oui, je vous aurais demandé de régler tout de suite avant d'essayer de plonger dans le golfe de Corryvreckan.

– Qu'est-ce qui est arrivé à McInnes au juste ? demanda Isabel.

– Il venait souvent à Inverlussa, dit le barman. Il s'était arrangé avec un habitant qui lui louait deux pièces à chacune de ses visites. Il a beaucoup peint sur Jura, vous savez. J'ai entendu dire qu'il est très célèbre à Édimbourg et à Londres.

Isabel se demanda s'il connaissait la cote d'un McInnes à ce jour.

– Ces tableaux sont très recherchés, dit-elle.

– En tout cas, la dernière fois qu'il est venu, ça n'allait pas très fort. Il avait des problèmes conjugaux, et ça le déprimait. En plus, il m'a raconté qu'il avait été descendu par la presse. Complètement démoli. Il était très affecté.

– Les critiques de Londres se sont acharnés sur lui, confirma Isabel.

– Ce pauvre Andy, dit le barman en secouant la tête. En tout cas, ils ont atteint leur but. Je crois qu'il avait son idée en allant en bateau dans le golfe. Il savait que c'était dangereux. Ici, tout le monde le sait, même les enfants. Vous pouvez parler à n'importe quels petit garçon ou petite fille devant le magasin et ils vous diront qu'il ne faut pas y aller. C'est la toute première chose que l'on apprend aux enfants par ici.

Isabel resta silencieuse un instant.

– Vous voulez dire que c'était peut-être un suicide ? demanda-t-elle enfin.

– On n'aime pas arriver à cette conclusion, dit le barman. Mais parfois c'est la seule explication.

Déprimé par la teneur de la conversation, Jamie but une gorgée de whisky. McInnes était mort, pourquoi revenir là-dessus ?

– Il est bon, ce whisky, lança-t-il soudain. Ils en font un fumé aussi, non ?

Le barman indiqua d'un signe de tête la distillerie en face.

– Oui. Jimmy, de la distillerie, m'a dit qu'ils allaient en mettre en fût incessamment. Si vous revenez dans huit ans, vous pourrez essayer.

Isabel ne prêtait pas attention à ce qu'ils disaient. Elle se demandait si McInnes avait souscrit une assurance-vie. Si oui, l'argent serait revenu à sa femme. Il arrive qu'après une séparation les gens changent le bénéficiaire de leur assurance-vie, mais parfois ils oublient. Beaucoup d'hommes le regrettent le restant de leurs jours. Ou, plutôt, ils préfèrent mourir pour ne pas avoir à le regretter.

Mais pourquoi diable choisir de se suicider dans des remous ?

Chapitre 14

Pour l'excursion à Barnhill, Lizzie avait emprunté une des Land Rover du domaine, celle qui servait à emmener les chasseurs de cerfs en haut de la montagne, équipée de râteliers pour ranger fusils et télescopes. Un splendide panier d'osier contenant le déjeuner était arrimé au plancher de la voiture par des sangles de cuir.

Lizzie, au volant, suivait la route sinueuse qui menait à Barnhill. Bientôt la route se transforma en une simple piste ; il n'y avait plus trace de présence humaine, ni maisons, ni fils de téléphone. Çà et là, la pluie avait creusé des nids-de-poule. Instinctivement, Isabel protégeait de sa main la tête de Charlie quand la voiture sautait et dérapait sur le terrain accidenté. Ils n'allaient pas vite. Enfin, ils virent au loin une ferme aux murs de pierre, ornée d'un auvent de bois contre la façade, flanquée de chaque côté d'un appentis bas au toit d'ardoises. À droite de la maison, par-delà un champ en friche, un bouquet d'arbres se détachait contre le flanc de la montagne où affleurait le granit. À en juger par la forme des arbres et des buissons d'ajoncs, l'endroit était particulièrement venté. Une vieille Land Rover verte était garée devant la maison, le coffre ouvert. Un labrador noir assis près du véhicule se leva à leur approche et dressa la tête pour aboyer.

– Ici il n'y a pas d'électricité, dit Lizzie. Pas de téléphone, rien. On fait la cuisine au gaz, et pareil pour l'eau chaude. C'est un des endroits les plus isolés que je connaisse. On peut y rester pendant des mois sans que personne ne s'en aperçoive. C'est beau, hein ?

Elle arrêta la Land Rover et ils descendirent. Jamie resta immobile, inspirant l'air à pleins poumons ; l'odeur des ajoncs, qui rappelait la noix de coco, la mer au loin, le sel et l'iode.

– Oui, dit Isabel à côté de lui. L'air.

Elle tourna les yeux vers les montagnes et la mer, à quelques centaines de mètres de là. À part la ferme, on ne voyait nulle part l'empreinte des hommes.

Un jeune homme sortit de la maison en faisant des signes de la main. Ils remontèrent la prairie en pente douce pour aller à sa rencontre. Lizzie leur présenta son cousin Rob. Isabel fut tout de suite conquise par sa modestie, et s'aperçut qu'il en était de même pour Jamie. Il était à peu près du même âge que celui-ci, peut-être un peu plus jeune.

Ils entrèrent dans une cuisine simple et fonctionnelle, telle qu'on en rencontre partout dans les campagnes écossaises, à la fois salle à manger, salon et bureau pour les comptes de la ferme. Le cœur de la maison, en d'autres termes. Rob fit bouillir de l'eau sur le réchaud à gaz pour leur préparer du café. Comme souvent en Écosse, Jamie et lui n'eurent pas de mal à se trouver des amis et des points communs. Pendant ce temps-là, Lizzie et Isabel s'occupaient de Charlie, fasciné par la découverte d'un bouton sur sa barboteuse. Une fois le café pris, Rob proposa de leur faire visiter la maison.

– Je vais vous montrer la pièce où il a écrit *1984*, dit-il. Mais, malheureusement, il n'y a pas grand-chose à voir. Vous pourrez voir la baignoire, si vous voulez.

– La baignoire d'Orwell, murmura Jamie.

– Il vivait très modestement, dit Isabel. C'était un homme droit, avec des goûts simples.

– Il croyait passionnément à la justice sociale, non ? lança Rob.

– Tout le monde y croit, du moins aujourd'hui. Vous connaissez beaucoup de gens qui proclament ne pas croire à la justice sociale ? Moi pas.

– Cela dépend de ce que tu entends par justice sociale, dit Jamie, qui examinait une gravure accrochée au mur. La justice sociale de l'un est parfois l'injustice sociale de l'autre.

Il tapa doucement sur le verre de la gravure. Charlie chercha d'où venait le bruit.

– Je sens qu'il sera amateur d'art, constata Jamie.

Ils visitèrent la maison. Rob ouvrit la porte d'une modeste petite pièce meublée seulement d'un lit.

– La chambre d'Orwell, dit-il. C'est là qu'il écrivait le plus souvent. Et aussi sous une tente, dehors. Il était tuberculeux et l'air pur était censé lui être bénéfique.

Ils contemplèrent la petite pièce au-dessus de la cuisine, la machine à écrire à sa place sur la table. Isabel vit par la fenêtre que le ciel s'était miraculeusement dégagé : le paysage était baigné de lumière. C'est si vert, se dit-elle, la pelouse élastique, les fougères, la couleur émeraude des arbres. Elle resta ainsi quelques minutes tandis que les autres ressortaient dans le couloir, à méditer sur ce que l'on peut apprendre des paysages que les écrivains ont eus devant les yeux. Ainsi Orwell contemplait-il cette vue en écrivant ce roman sombre, en créant ce Big Brother omniprésent. Quel contraste avec la paix et l'intimité de cet endroit ! C'était sans doute là l'explication : la prison où se trouve enfermé Winston Smith dans le roman n'en est que plus sinistre quand on la compare au monde que l'on a perdu.

Cela lui rappela sa visite à la maison de Freud, à Vienne. À la fenêtre du cabinet du psychanalyste, elle avait vu un miroir accroché au volet, le seul objet qui subsistât dans la pièce entièrement vide. Le grand homme lui-même avait regardé cet objet, ce pan de ciel, cette petite cour. Un autre souvenir surgit de sa mémoire, celui de Traquair, où se trouve le berceau de Jacques VI, qui évoque tant de choses. Ou encore ce lit de Falkland Palace où Jacques V était mort, tournant le visage vers le mur, pleurant ce qu'il considérait comme la fin imminente d'une dynastie écossaise. « Cela a commencé par une fille et cela se terminera par une fille », aurait dit le roi. Ces lits nous fascinent aujourd'hui, ne serait-ce que par leur petite taille, comme si les grands événements ne pouvaient arriver que dans de grands lits. Le lit de Winston Churchill, dans lequel il dictait des lettres à ses généraux et aux dirigeants du monde entier, était aussi de petite taille. Elle s'arracha finalement à sa contemplation et quitta la pièce, en se disant qu'un lit est une chose bien étrange au fond : un nid humain, où notre fragilité trouve le réconfort et les soins qu'elle réclame la nuit.

Alors que les autres étaient déjà redescendus, Isabel s'attarda près d'une fenêtre dans le couloir, donnant sur un autre paysage qui ressemblait à celui de la petite pièce. Et ce fut en se détournant de la fenêtre qu'elle vit soudain quelque chose qui la fit s'immobiliser, le souffle coupé. Il n'y avait aucun doute.

Elle se pencha pour examiner le tableau. C'était une huile assez grossière, de vingt centimètres sur vingt-cinq, peut-être moins. Même à cette échelle réduite, il était clair qu'il s'agissait de l'étude préparatoire pour le tableau que Guy Peploe lui avait montré. C'était l'île de Jura vue par Andrew McInnes.

Tous les autres s'étaient retrouvés dans la cuisine. Quand Isabel revint dans la pièce à son tour, Rob leva les yeux de la carte qu'il était en train de montrer à Jamie. C'était apparemment une carte marine du golfe de Corryvreckan, qui indiquait les profondeurs, les écueils et les rochers.

– Je ne voudrais pas être indiscrète, dit Isabel, évitant de regarder Jamie. Mais ce petit tableau que vous avez dans le couloir, dans le cadre gris, vous savez de qui c'est ?

Elle fournit elle-même la réponse :

– C'est d'Andrew McInnes, un peintre écossais très connu. C'est un tableau de McInnes.

Rob parut d'abord interloqué, comme s'il ne voyait pas de quoi parlait Isabel.

– Non, je ne crois pas, dit-il enfin en secouant la tête. Celui qui a peint ce tableau, c'est un type qui a habité ici. Nous louons cette maison, vous comprenez, pour des périodes d'une ou deux semaines. Je crois qu'il était peintre. En tout cas, quand il est parti, il a laissé un sac-poubelle plein de croquis et de dessins dont il ne voulait plus. J'ai trouvé cette petite toile dedans.

Jamie jeta un regard stupéfait à Isabel.

– Tenez, dit-il en mettant Charlie dans les bras de Lizzie.

Puis il se retourna vers Isabel.

– Isabel ?

– Tu vois, dit-elle en soutenant son regard. C'était bien un faux.

– Un faux ? interrogea Rob, l'air perplexe.

Isabel se laissa tomber sur une chaise. Elle comprenait tout maintenant : le mystérieux faussaire était venu à Jura peindre des McInnes. Il avait trouvé l'endroit le plus éloigné de tout, où personne ne le dérangerait, pour fabriquer tous ces McInnes posthumes. Son intuition ne l'avait pas trompée.

– Vous en savez plus sur lui ?

– Je ne l'ai pas rencontré, répondit Rob. Et toi, Lizzie ? Tu étais là quand il habitait la maison ?

– C'était à quelle époque ? Je ne me souviens pas d'un peintre.

Rob traversa la pièce et rapporta un petit classeur marron. Il feuilleta quelques documents avant de trouver ce qu'il cherchait, la liste des dates de locations.

– C'était en septembre dernier, dit-il. Très tard dans la saison. Un Mr Anderson. Frank Anderson.

– Il venait d'où ?

– Aucune idée, répondit Rob après avoir consulté la liste. À l'époque on l'avait noté, mais on élimine la correspondance au fur et à mesure.

– Dommage, marmonna Isabel.

La conversation avec Christopher Dove lui revint en mémoire. C'était exactement ce qu'elle avait fait avec les archives de la *Revue d'Éthique Appliquée.* Elle était mal placée pour porter un jugement.

– Tant pis, dit Jamie.

– Mais pourquoi est-ce que vous voulez savoir ? demanda Rob.

– Parce que je crois que ce Frank Anderson, si c'est son vrai nom, a dû commettre certaines des œuvres disons *posthumes* de McInnes.

– Ici ? Tiens ! s'exclama Rob, très intéressé.

– Vous avez eu l'occasion de rencontrer McInnes ? s'enquit Isabel.

– Non, mais je sais qui c'est. Je sais qu'il est considéré comme un grand peintre.

– Ça arrive souvent une fois que les artistes sont morts et enterrés.

– Il n'aurait jamais dû sortir en bateau, dit soudain Lizzie. Quand on ne connaît pas le coin, il faut être très prudent.

Ceux que les remous emportent, on ne les retrouve jamais, pensa Isabel. Où avait-elle entendu cela ? Il y avait tant de choses dans son cerveau, de la philosophie, des poèmes, des faits hétéroclites qui refaisaient surface de façon anarchique.

Elle s'imagina perdue en mer, en train de couler dans ces profondeurs vertes de plus en plus sombres. Peut-être y a-t-il un moment d'apaisement, quand les poumons sont remplis d'eau et qu'il ne reste plus que cette sensation de lourdeur. Un moment de suprême clarté, où le passé apparaît, comme on le prétend ? Ou bien, comme l'affirment tous ceux qui ont frôlé la mort, un cheminement vers la lumière et la paix ? S'il faut croire ceux qui survivent après avoir été déclarés cliniquement morts, on ressent un grand calme, une grande détermination. Beaucoup disent avoir retrouvé ceux qu'ils avaient connus autrefois, et que tout était pardonné, expliqué, avec bonté, sans aucun reproche.

Dans la Land Rover de Lizzie, il ne fut pas question du tableau. Par contre, une fois dans la voiture d'Isabel, il occupa toute la conversation.

– J'espère que tu vas avoir l'élégance de reconnaître que j'avais raison, dit Isabel en traversant le pont d'Ardlussa pour rejoindre la petite route étroite qui les ramenait à Craighouse.

– Bien sûr, je m'incline. Mais je ne sais pas ce qu'il faut faire maintenant. Peut-être rien.

– Rien ? Mais on ne peut pas garder ça pour nous ! Je ne vois pas pourquoi ce Frank Anderson s'en tirerait impunément.

Jamie soupira : Isabel était vraiment incorrigible. Elle ne pouvait résister à la tentation de faire justice, de résoudre les problèmes. Comme si la vie était une partie d'échecs qu'il faut mener jusqu'au mat final.

– Nous ne sommes pas de la police, dit-il seulement. Nous sommes de simples citoyens. On peut évidemment avertir ceux que ça concerne, Guy Peploe par exemple, que le tableau n'est peut-être pas authentique. Ça, d'accord. Et tu as des preuves, après tout. Tu peux lui parler de la toile que tu as vue aujourd'hui.

– Mais qu'est-ce qu'il pourra faire ? En parler à l'acheteur, qui va sans doute rendre le tableau.

Guy fera sa petite enquête, mais ça n'ira pas plus loin.

– Tu veux essayer de retrouver ce type, c'est ça ?

Elle resta silencieuse. Elle s'était demandé ce qu'elle devait faire, sans trouver de réponse. Il fallait pourtant qu'elle réagisse. Puisqu'elle avait découvert la preuve d'une escroquerie, il lui était moralement impossible de rester passive.

– Frank Anderson doit avoir du talent, dit-elle enfin. Pour faire des faux, il faut bien connaître le métier. Le Hollandais qui a peint ces faux Vermeer, Van Meegeren, c'était un expert. Il connaissait toutes les techniques du peintre, les pigments, les différents types de toile, la façon dont la peinture se craquelle avec le temps. On ne peut pas réussir si on n'est pas vraiment bon.

– Donc il sait ce qu'il fait. À quoi ça nous avance ?

– Voyons, répondit Isabel, qui pensait tout haut, si on avait été en Hollande à l'époque et qu'on ait voulu trouver quelqu'un du nom de Van Meegeren, ça n'aurait pas été si difficile que ça, même s'il n'était pas connu. En posant des questions à gauche et à droite, on aurait forcément eu des informations. Quelqu'un se serait souvenu d'un condisciple à l'École des beaux-arts, par exemple.

Jamie vit où Isabel voulait en venir.

– Donc tu penses que ce type, ce Frank Anderson, a fait des études de peinture ?

– Sans aucun doute. En quatre ans d'études, il aura

obligatoirement rencontré des gens qui se souviennent de lui aujourd'hui. S'il est en Écosse. Parce que s'il est en Angleterre, ce sera plus difficile.

Jamie en convenait. Ce qui l'inquiétait, c'était la suite. Retrouver la trace d'un faussaire est une chose, le démasquer en est une autre.

– D'accord, dit-il, essaie de le trouver. Mais ne sois pas imprudente. Frank Anderson risque la prison s'il est découvert. Ne compte pas sur sa coopération.

Isabel roula doucement vers un des refuges aménagés sur les bas-côtés pour que les voitures puissent se croiser. Une camionnette de la poste approchait, venant du sud. En passant, le chauffeur fit un large sourire et agita la main en signe de remerciement. C'est comme ça ici, se dit Isabel. Il n'y a pas d'étrangers.

CHAPITRE 15

Isabel avait l'impression d'avoir été absente pendant des semaines. Jura, un monde insulaire autarcique, semblait si loin d'Édimbourg ! Pourtant c'était le même pays, et il ne fallait qu'une demi-journée pour s'y rendre en voiture. Dans son jardin, le lendemain de leur retour, elle ferma les yeux quelques secondes pour revoir les montagnes, les torrents dévalant les pentes, le voile de pluie fine. On peut aimer un pays si fort que c'en est douloureux, pensa-t-elle.

Impossible néanmoins de passer des heures dans le jardin à méditer ainsi. Quand on est en Écosse, il faut se comporter en conséquence ; pour Isabel, cela voulait dire accomplir toutes les tâches qui lui incombaient, et il y en avait beaucoup. Charlie aurait dû être en tête de liste, mais Grace l'avait emmené à Blackford Pond, un lac situé au sud de la ville, très apprécié des chiens, des canards et des enfants. Tout le monde gavait les canards qui y résidaient et Isabel trouvait qu'ils flottaient bas dans l'eau. Un jour, à l'occasion d'une des toutes premières visites de Charlie, elle avait déclaré :

– C'est très dangereux de nourrir les canards avec trop d'enthousiasme. Et c'est tout aussi dangereux de les investir d'une charge symbolique excessive. Ces aigles choisis comme emblèmes de la nation doivent avoir bien du mal à décoller avec tout ce poids à porter.

– C'est bizarre, cette remarque. De temps en temps, Isabel, tu dis n'importe quoi. Tu as trop d'imagination.

– Que veux-tu, j'aime réfléchir aux choses, avait-elle dit avec insouciance, sans se formaliser. J'aime laisser mon esprit divaguer, ça permet d'explorer toutes sortes de possibilités très intéressantes. La plupart du temps, on se surveille trop.

Jamie essayait de se souvenir d'une remarque saugrenue qu'avait lancée Isabel quelques jours auparavant, avant d'être interrompue par une exigence de Charlie.

– Qu'est-ce que tu disais sur les conducteurs âgés l'autre jour, quand Charlie s'est mis à protester ?

– Les conducteurs ? Ah oui, je me souviens ! J'avais entendu parler d'un type qui conduisait encore à quatre-vingt-treize ans, et je trouve que c'est un peu vieux. À cet âge-là on est peut-être très sage, mais on n'a plus les mêmes réflexes. Je crois que j'ai dit que les voitures devraient devenir plus grises avec l'âge, pour alerter les conducteurs des autres véhicules sur le risque de réactions plus lentes, comme ça ils seraient sur leurs gardes. Ça jouerait le même rôle que le macaron qu'on colle sur la vitre pour la conduite accompagnée. Les voitures grisonneraient progressivement, comme les cheveux.

– Et on obligerait les hommes jeunes à conduire une voiture rouge ?

– Tout à fait. Une voiture rouge, ça voudrait dire : « Attention, testostérone ! » Il faut simplement être prévenu, tu comprends ?

– Et aux croisements, les voitures rouges laisseraient la priorité aux voitures grises ?

– Absolument. Ça devrait être la règle dans une société civilisée. Tu sais qu'au Japon les vieux conducteurs ont la priorité sur les jeunes ? C'est un peu compliqué parce que si on ne voit pas bien qui est au volant, il est difficile de deviner son âge. Je crois qu'il y a eu un certain nombre d'accidents à cause de ça.

– C'est absurde ce que tu dis, avait déclaré Jamie en riant. Et complètement faux, en plus.

– Peut-être, mais c'est drôle.

– Raconte-moi une autre histoire absurde.

– Sur quoi ?

Ils s'étaient arrêtés au bord du lac. Charlie dormait dans sa poussette, bien enveloppé. Jamie regardait autour de lui. Un peu plus loin, un homme aidait son fils à lancer des miettes aux canards. Quand ils s'étaient éloignés, Jamie avait remarqué les avant-bras du père, entièrement couverts de tatouages.

– Une histoire de tatouages.

– Une autre fois, avait répondu Isabel en consultant sa montre.

Elle revint aux préoccupations du jour. Il faudrait prendre une décision au sujet de la découverte qu'elle avait faite sur l'île, mais elle avait le temps. D'une certaine façon, la prudence foncière de Jamie commençait à déteindre sur elle. Peut-être serait-il préférable d'attendre avant d'agir. La seule chose qu'elle avait à faire, c'était mettre quelqu'un au courant de ses soupçons, Guy Peploe par exemple. Lui ou un autre pourrait décider de la suite éventuelle à donner. Elle se prit à méditer sur les séductions du désengagement et de l'indifférence au monde extérieur. Beaucoup de gens pratiquent cette philosophie et s'en trouvent bien. Ils ne se soucient pas de la destruction de la planète, de la menace de guerres de religion d'un autre âge, de la cruauté et de l'hypocrisie régnantes. À quoi pensent-ils donc ? Après tout, ils ont peut-être des sujets de préoccupation tout aussi graves. Les victoires d'un club de football, ou plutôt ses défaites, sont une source d'angoisse, comme d'ailleurs un conflit avec des voisins ou des problèmes d'argent. Le désengagement n'est pas la panacée. Elle décida pourtant de remettre toute action à quelques jours.

Quand elle était rentrée, la veille au soir, le répondeur annonçait douze messages, dont elle avait remis la consultation au lendemain. Trois émanaient d'une vague connaissance avec qui elle avait promis de déjeuner et qui voulait arranger un rendez-vous. Isabel regrettait un peu cette promesse qu'elle avait faite sans réfléchir, mais que l'autre avait prise pour argent comptant. Il s'agissait d'un malentendu d'origine culturelle. C'était une Néo-Zélandaise installée en Écosse. Les Néo-Zélandais ne parlent pas pour ne rien dire, ce qui est tout à leur honneur, et ils imaginent que tout le monde fait comme eux. Même si en général Isabel disait ce qu'elle pensait, il lui arrivait de formuler des choses par simple politesse, sans y croire vraiment, comme tout le monde. Suivant le ton de la voix et en fonction du contexte, il peut s'agir d'une réelle invitation ou bien de paroles en l'air. Elle se souvenait du cas de feu le professeur Glanville Williams, qu'elle avait rencontré à Cambridge. Ayant suggéré à un Italien de passage de déjeuner ensemble dans un avenir proche, il avait été très choqué quand celui-ci avait immédiatement sorti un agenda de sa poche pour fixer une date. Comme le seraient tous ceux qui nous souhaitent une bonne journée si nous nous mettions soudain à leur demander en quoi exactement la journée sera bonne.

Après avoir appelé la Néo-Zélandaise pour organiser le déjeuner, elle fit défiler les autres messages pour trouver celui qu'elle cherchait, un appel de son avocat, Simon Mackintosh :

« Isabel, vous m'aviez demandé d'agir vite, et c'est ce que j'ai fait. J'ai une bonne nouvelle à vous annoncer. Merci de me contacter dès votre retour. »

Elle réécouta le message plusieurs fois, partagée

entre plaisir et inquiétude. Elle avait agi impulsivement avant de partir pour Jura et ne s'attendait pas à un résultat si rapide. En repensant aux instructions qu'elle avait laissées à Simon, elle éprouvait à nouveau ce mélange de joie et de crainte qui accompagne les décisions graves de la vie.

Elle reposa le combiné en pensant : Elle est à moi, elle m'appartient. Cette phrase lui revint à l'esprit au moment où elle arrivait au cabinet d'avocats Turcan Connell, dans le quartier de Tollcross. Elle s'installa dans la salle d'attente, où un plateau de thé et de *shortbread* était disposé, et se versa une tasse. Puis Simon vint la chercher pour l'emmener dans une petite salle de conférences réservée aux entretiens entre avocats et clients.

Ils échangèrent les nouvelles. La femme de Simon était peintre et venait d'organiser une exposition qui avait eu beaucoup de succès. Isabel parla des habitudes de Charlie. Enfin, Simon ouvrit un dossier bleu pour y prendre une feuille où il avait écrit quelques notes.

– Isabel, ces instructions que vous m'avez données...

Elle pensa un moment qu'il allait lui faire des reproches, mais ce n'était que de la surprise.

– Ce que vous m'avez demandé est plutôt, disons, inhabituel. Du moins, c'est assez inhabituel de réaliser ce genre d'opération si vite. D'ailleurs, toute cette affaire... Bref, on peut dire que ça a été bouclé en un temps record.

– Il y a des moments..., lança-t-elle en haussant les épaules.

– Bien sûr, répondit-il en souriant. Il y a des choses que l'on doit faire. L'avocat devrait toujours partir du principe que son client sait ce qu'il veut. Il arrive – oh ! très rarement – que ce ne soit pas le cas. Pas en ce qui vous concerne. J'ai toujours pensé que vous savez ce que vous voulez.

– J'y ai beaucoup réfléchi, vous savez, dit Isabel avec un petit rire. Ce n'est pas arrivé comme ça. J'y ai pensé au moins... une heure ou deux.

Elle avait rougi et Simon fit mine de la gronder.

– Quoi qu'il en soit, j'ai fait ce que vous vouliez. Dieu merci, nous n'avons pas affaire à une grande entreprise. La négociation s'est révélée très facile et très rapide. Il y a encore quelques formalités avant que le contrat final ne soit signé, les garanties, les indemnités, tout ça. Mais nous avons un accord de principe.

– Ce sont des gens bien.

Simon en convint. Lors de sa brève entrevue avec le président, celui-ci était allé droit au but, tout en faisant preuve d'une grande civilité.

– Quand je leur ai demandé leur prix, je dois dire que j'ai été agréablement surpris : soixante mille livres pour le titre et les actifs, donc bien en dessous de votre limite.

Il s'arrêta pour consulter un document du dossier.

– Je pense que nous devons accepter cette offre,

même si l'année dernière la *Revue* n'a fait que quatre cents livres et des poussières de bénéfices.

– Ils voulaient s'en débarrasser, dit Isabel. Je pensais qu'ils demanderaient davantage.

– S'ils ne l'ont pas fait, c'est parce qu'ils savaient que je vous représentais. Ils ont une très bonne opinion de vous. Vous voilà donc propriétaire de la *Revue d'Éthique Appliquée*. Toutes mes félicitations !

Isabel baissa les yeux sur sa tasse de thé. Ayant exploité son avantage financier sans vergogne pour contrecarrer le complot de Christopher Dove, elle n'était pas sûre de mériter des félicitations. Elle renonça à parler de ses états d'âme à Simon, se sentant incapable d'expliquer son sentiment de culpabilité. Elle n'avait pourtant rien fait de mal. Soit la *Revue* était à vendre, soit elle ne l'était pas. Comme elle l'avait deviné, il s'agissait simplement d'une question de prix. L'argent est un brutal instrument de pouvoir. Elle avait toujours évité de se confronter à cette vérité manifeste et inconfortable.

Simon l'observait d'un air un peu perplexe.

– Je sais que vous avez les moyens, Isabel. Pardonnez-moi de vous poser la question, mais pourquoi est-ce que vous avez voulu devenir propriétaire ? La fonction de directrice de publication ne vous suffisait pas ?

Isabel, les yeux rivés sur sa tasse, ne répondit pas tout de suite. Levant enfin la tête, elle regarda Simon.

– J'ai voulu réparer une injustice.

– Ah !

Simon remit le document à sa place, puis réfléchit un instant en tripotant le bord du dossier.

– C'est une très bonne raison. Bravo !

Elle se pencha pour lui servir une nouvelle tasse de thé. La transaction était close. Ils échangèrent quelques considérations sur le temps, qui était magnifique, et le monde, qui l'était moins. Avant de prendre congé, elle se dit soudain qu'il serait plus facile à Simon qu'à elle d'écrire une lettre qui ne pouvait pas attendre.

– Encore autre chose, dit-elle. Il faut écrire une lettre au président du comité de rédaction, le professeur Lettuce. Pourriez-vous vous en charger, en tant qu'avocat ?

– Mais bien sûr.

– Je sais que Lettuce est un nom ridicule, c'est la croix qu'il doit porter. Je vous écris son adresse. Dites-lui que vous agissez pour le compte de la nouvelle propriétaire de la *Revue*, et qu'elle – n'oubliez pas le *elle*, surtout – lui exprime sa gratitude pour les services rendus. Néanmoins, il est nécessaire de nommer un nouveau comité, et cela va être fait sous peu.

Simon prit des notes.

– Souhaitez-vous que je révèle votre identité ? demanda-t-il.

Isabel hésita. D'un côté, elle éprouverait une grande satisfaction à les laisser deviner. Elle imaginait déjà leurs discussions anxieuses. Mais elle sentait aussi que cela avait quelque chose de mesquin et de répréhensible. Comme le décrit Platon, l'âme humaine est tiraillée entre le cheval blanc et le cheval noir, la raison et les mauvais instincts. Elle ferma les yeux : la vengeance est douce, mais nuisible. Elle ne souhaitait pas les traiter comme elle avait été traitée elle-même. Pas question.

– Dites-leur d'emblée que c'est moi, déclara-t-elle enfin. Ce sera préférable.

– Je pense que vous avez raison, répondit Simon, comprenant qu'il venait d'assister à un grand débat de conscience.

Isabel n'en était pas sûre. Mais Lettuce et Dove l'avaient bien cherché.

Isabel avait quitté le cabinet Turcan Connell peu avant midi. L'immeuble, tout de panneaux en verre bleu et vert, semblables à de la glace finement découpée, donnait sur une petite place. De là, en levant les yeux, on apercevait le ciel à travers les étages supérieurs. Les alentours étaient plus familiers à Isabel, avec les vieilles maisons de pierre et leurs tons de gris prédominants. Elle remonta Home Street, passant devant les marchands de fruits et légumes, l'horloger, les boutiques de bijoux de pacotille, les bars. À côté de King's Theatre se trouvait le bar Bennet's, décoré de vitraux très travaillés. Chanteurs et musiciens s'y retrouvaient après les répétitions, assis sur de longs bancs rouges, leur image reflétée dans les grands miroirs.

Un peu plus loin, elle se rendit soudain compte qu'elle avait faim en approchant du magasin de Cat. Elle n'était pas pressée de rentrer : Grace et Charlie ne reviendraient qu'après le déjeuner. Elle avait des choses à faire chez elle, de la correspondance et une longue liste de petites corvées, mais elle n'avait pas envie de s'y attaquer déjà. Cela la gênait un peu d'entrer dans le magasin, étant donné l'humeur actuelle de Cat. Elle devait pourtant persister : la glace finirait bien par fondre, comme toujours.

Eddie était au comptoir. Pas trace de Cat. Il était en train de trancher du jambon de Parme pour un client et lui fit un signe de tête. Elle prit un journal sur une table, le *Guardian* du jour, abandonné par un client. Elle s'installa à une table pour le lire en attendant qu'Eddie puisse s'occuper d'elle. Elle commanderait une de ces appétissantes assiettes de *focaccia* aux olives qu'Eddie préparait si bien.

Absorbée par sa lecture, elle s'aperçut soudain que Cat était devant elle. Elle baissa le journal et vit que sa nièce souriait. Enfin le dégel, se dit-elle.

Cat tourna la tête vers le comptoir. Deux clients étaient en train d'étudier les fromages.

– Je crois qu'Eddie va être occupé un bout de temps, dit Cat. Je vais te servir.

– J'aurais voulu une assiette de *focaccia* aux olives, mais je ne suis pas pressée. J'ai le *Guardian*.

Cat déclara que cela ne la dérangeait pas.

– Et comment va Charlie ? ajouta-t-elle.

C'était la première fois qu'elle manifestait le moindre intérêt pour son cousin. Isabel devinait que Cat avait délibérément refoulé cet intérêt ou tout au moins sa curiosité.

– Il pousse. Il dort, il mange. Il fait tout ce que doit faire un bébé.

– Il est très mignon, dit Cat en souriant. Il ressemble un peu...

Isabel retint son souffle.

– Il ressemble un peu à Jamie.

C'était là un progrès extraordinaire. Charlie ne ressemblait pas le moins du monde à Jamie, mais cela n'avait pas d'importance. Le dégel s'accentuait, la glace se fendillait de toutes parts.

– Peut-être. Ça dépend de la lumière.

Cat laissa Isabel à son *Guardian* et partit préparer son déjeuner. L'article parlait des perspectives de paix au Moyen-Orient, qui étaient bien ténues. Combien d'hectares de papier, combien de mètres cubes d'encre avaient été consacrés à ce sujet ! On en revient toujours à la même chose : les barrières érigées par la religion, la culture, les codes vestimentaires, tout concourt à souligner les différences. Elle n'avait pas la naïveté de penser qu'il n'y en avait pas. De plus, les gens ont besoin d'espace, au sens physique du terme, d'un espace où ils puissent vivre parmi ceux qui partagent leurs valeurs et leurs croyances. Il faut que chacun ait son territoire, où il se sente en sécurité parmi ses semblables : c'est à ce prix qu'on aura la paix sociale. C'est la conclusion qu'on peut tirer, bien déprimante conclusion. Elle ne partageait pas tout à fait ce point de vue, pas plus que le *Guardian* d'ailleurs. La vie de chacun est tellement imbriquée dans celle des autres qu'il nous faut partager : aucun individu n'a les moyens de décréter son propre espace culturel.

Elle débattait intérieurement de ces problèmes quand Eddie lui apporta l'assiette de *focaccia* aux olives que Cat avait préparée.

– Elle a l'air de bonne humeur aujourd'hui, dit Isabel en indiquant d'un signe de tête Cat, qui était en train de servir un client.

– Devinez pourquoi, répondit Eddie avec un sourire un peu dédaigneux. Vous avez droit à trois réponses. Non, je vais tout vous dire. Elle a rencontré quelqu'un.

Isabel avait l'impression d'avoir déjà eu cette conversation avec Eddie. Elle se souvint effectivement d'avoir discuté d'un nouveau partenaire de Cat quelque temps auparavant. Impossible de retrouver son nom.

– C'est vrai. Il est venu ici récemment. Il revient la voir ce week-end. C'est pour ça qu'elle est tout sourires.

Isabel n'avait pas anticipé ce développement. Peut-être pour ne pas voir la vérité en face, elle avait pensé que ce n'était qu'une rencontre éphémère. Consternée, elle regarda Eddie, qui souriait d'un air entendu.

– Un homme grand, avec des cheveux blonds coiffés en arrière comme ça ? dit-elle en faisant un geste.

– Oui, mais ça ne prouve rien, elle les choisit tous comme ça. Ils se ressemblent tous, à part…

Il s'interrompit, gêné. Isabel avait baissé la tête. Christopher Dove. Jamais elle n'aurait imaginé que ce flirt avec Cat pût durer au-delà d'une soirée à Édimbourg, ou déboucher sur quelque chose de plus stable.

– De toute façon, dit Eddie, pourvu que ça dure !

– Je ne sais pas si c'est vraiment l'homme qu'il lui faut, déclara Isabel en secouant la tête.

– Ils s'entendent bien, dit Eddie en ricanant. Il faut que j'y aille.

Isabel entama son déjeuner. Demain, Dove saurait que la *Revue* avait changé de mains ; il comprendrait immédiatement, même sans la lettre de l'avocat, qu'il ne serait jamais directeur de publication. Il serait en colère, éprouverait de la rancune. Si Cat l'apprenait, ce qui ne faisait aucun doute, elle en conclurait immédiatement qu'Isabel avait congédié Dove pour la blesser. Cat n'aurait aucune difficulté à imaginer Isabel capable d'une telle vilenie. D'autres qu'Isabel n'auraient sans doute pas hésité, mais elle non.

Certes, il ne fallait pas que les jugements de sa nièce lui dictent sa conduite, surtout une nièce aux réactions aussi imprévisibles. Elle n'était pas sûre pourtant d'avoir le courage d'affronter ni les sautes d'humeur de Cat, ni son hostilité. Autant vivre avec Schopenhauer, tâche redoutable en soi, surtout pour sa mère. En effet, pendant les vingt-trois dernières années de la vie de celle-ci, le philosophe avait refusé de lui adresser la parole.

Elle traversa le magasin pour payer sa note. Cat, à la caisse, balaya cette tentative.

– Mais j'insiste, dit Isabel.

– Non, non, rétorqua Cat en levant un index comminatoire. C'est pour te remercier.

– De quoi ? demanda Isabel, le cœur lourd.

– De m'avoir présenté un homme aussi séduisant l'autre jour !

CHAPITRE 16

Ce soir-là, le Queen's Hall était plein à craquer. Malgré les efforts de Jamie pour lui trouver une bonne place, elle se retrouva au poulailler, sur un banc très inconfortable. Inconfort voulu, dans la mesure où la salle était une ancienne église. Que ce soit une survivance des révoltes iconoclastes ou la crainte d'un assoupissement pendant le sermon, l'Église d'Écosse n'a jamais approuvé un confort excessif. Jamie jouait dans l'orchestre, comme il le faisait parfois, et il tenait absolument à ce qu'Isabel assistât à cette représentation.

– C'est un mélange très audacieux, avait-il expliqué. Le *Requiem* de Fauré en première partie. Des œuvres modernes ou semi-modernes dans la seconde : Peter Maxwell Davies, Stephen Deazley, Max Richter. Ce sera intéressant, pour ne pas dire plus.

Jamie avait donné à Isabel un enregistrement des *Carnets bleus* de Max Richter, qu'elle avait écouté plusieurs fois, fascinée par cette musique énigmatique et envoûtante. Le hasard avait fait qu'un jour, alors qu'elle se trouvait chez le fromager Mellis avec son amie Rosalind Marshall, elles étaient tombées sur le compositeur lui-même, qui habitait Édimbourg et était venu acheter du bleu de Dunsyre. Isabel l'avait reconnu grâce à la photo du disque et lui avait adressé la parole :

– Vous ne me connaissez pas, mais j'admire beaucoup les *Carnets bleus*...

Elle n'était pas sûre qu'il l'ait entendue, car à ce moment précis le fromager avait commencé à faire l'article pour l'un de ses fromages. Un autre client était entré. Trop tard.

– Je lui parlerai une autre fois, avait dit Isabel.

– C'est bien possible, avait répondu Rosalind. J'ai presque réussi à parler au Premier ministre un jour. Il était venu à la Portrait Gallery. Je lui ai fait une remarque à propos d'un tableau, mais quelqu'un a attiré son attention à ce moment-là et je ne sais pas s'il m'a entendue.

– Nous sommes sans doute nombreux à Édimbourg à avoir presque réussi à parler à des personnages illustres.

Isabel s'était souvenue d'une histoire entendue autrefois.

– Une année, j'étais en visite en Irlande et je logeais à Gurthalougha House, près de Dublin. La dame qui tenait l'hôtel m'a dit que sa tante, se promenant dans la Forêt-Noire dans les années trente, avait vu tout un groupe de randonneurs venant vers elle sur le sentier. Elle avait reconnu celui qui se trouvait devant : c'était Adolf Hitler. Apparemment, elle lui avait dit : « Bonjour, monsieur Hitler. » Il lui avait fait un signe de tête et poursuivi son chemin.

– Quelle histoire étrange ! avait lancé Rosalind en secouant la tête. Je ne sais pas ce qu'on peut en déduire, mais c'est étrange.

– Si sa tante avait eu une arme, elle aurait pu changer le cours de l'histoire, pour le bien de tous.

– Grâce au meurtre de Hitler ?

Isabel avait hésité.

– En quelque sorte. Je ne sais pas si on peut utiliser le mot « meurtre » ici, parce que le meurtre est intrinsèquement répréhensible. Le mot est trop chargé moralement.

– Alors quel mot employer ? « Exécution » ? « Assassinat » ?

– On devrait simplement dire qu'il a été tué, c'est plus neutre. Quand on est attaqué et qu'on tue son agresseur, c'est moralement justifiable. On ne parle pas de meurtre. Le mot a trop de connotations morales.

Rosalind restait perplexe.

– Tu veux dire qu'on ne peut pas parler de meurtre quand il s'agit d'un tyran, si quelqu'un réussit à l'abattre ?

– Sauf si c'est pour de mauvaises raisons. Prenons un autre exemple. On choisit toujours Hitler, mais il y en a d'autres dans la même catégorie, Staline, Mao. Mao a fait assassiner des milliers d'opposants politiques, a pris du plaisir à leurs souffrances. Or les intellectuels occidentaux le considéraient comme un poète, un calligraphe. Si un rival, un monstre pire encore, avait tué Mao ou Staline pour prendre sa place, on pourrait parler de meurtre. Mais si c'était un parent d'une de ses victimes, alors on doit plutôt parler d'assassinat, et d'assassinat justifié puisque ça aurait pu sauver des vies.

Elles étaient enfin retournées à leurs achats. Rosalind avait remarqué un tout petit carré de fromage.

– Je me demande si ça vient de la fermière que j'ai rencontrée à Orkney. Elle n'a qu'une vache, sa production est limitée.

Dans la salle de concerts, Isabel se remémorait cette conversation sur Staline et d'autres tyrans. Il faut certes dénoncer les crimes de tous les tyrans avec la même énergie. Le problème, c'est que les gens sont très sélectifs dans leur indignation. Ou alors ils ne sont pas informés.

Elle soupira. L'équité morale est bien mal distribuée et cela la troublait souvent. L'équité commande de traiter amis et étrangers de la même façon, ce qui semble difficile à accepter. Imaginez que vous vous trouviez devant un immeuble en flammes. Deux personnes apparaissent à deux fenêtres voisines, appelant à l'aide. L'une des deux est votre ami, l'autre un étranger. Vous avez une seule échelle et vous ne pouvez en sauver qu'un. Certains prétendent que l'on ne peut pas choisir entre ces deux personnes, qui méritent toutes deux d'être sauvées. La solution est de jouer à pile ou face. Mais qui prendrait cette idée au sérieux ?

En revenant à cette notion d'homicide dont elle avait commencé à discuter avec son amie, elle imaginait la table des matières d'un numéro spécial de la *Revue d'éthique appliquée*, dont le titre pourrait être « Du bon usage de l'homicide ». Elle demanderait une contribution au professeur John Harris, lui qui écrivait de façon si stimulante. Il avait un jour intitulé un chapitre d'un de ses livres « Tuer par charité », ce qui n'était pas aussi provocateur qu'il y paraissait. John était pacifique, et c'était d'euthanasie qu'il voulait parler, quand effectivement on y a recours par amour pour l'autre. Reconnaître le mobile ne veut pas dire l'accepter, mais plutôt comprendre ce qui pousse les gens à passer à l'acte. Elle connaissait bien John, qu'elle aimait beaucoup. Elle appréciait les discussions animées qu'ils avaient eues ensemble. S'il se trouvait dans un immeuble en flammes, elle serait très tentée de lui porter secours. Mais est-ce qu'un moraliste impartial, un moraliste imaginaire, pas John, en ferait de même pour elle ? Il lui faudrait se laisser guider par le hasard, jouer à pile ou face ; si l'étranger gagnait, ce serait tant pis pour elle. Il en serait navré et lui crierait d'en bas : « Isabel, j'aurais vraiment aimé vous sauver, mais vous n'avez pas priorité sur cet étranger, et je ne dois pas vous donner la préférence sous prétexte que je vous connais. Je suis vraiment désolé. »

Pendant la première partie du concert, alors que le chœur chantait le *Requiem* de Fauré, elle laissa son esprit vagabonder. Jamie ne devait jouer qu'après l'entracte. Il disait souvent qu'avant la représentation il avait besoin de se distraire, de lire quelque chose sans rapport avec la musique. Elle l'imagina installé dans le foyer des musiciens, derrière la scène, avec le livre qu'il avait acheté dans la petite librairie de Buccleuch Place, les *Mémoires d'un chasseur de tigres*. Elle avait haussé les sourcils en voyant le titre.

– Ces tigres étaient des mangeurs d'hommes, avait-il expliqué. Il ne tuait que ceux-là. Il allait de village en village dans les années vingt et trente pour tuer les tigres qui terrorisaient les villageois, dans le nord de l'Inde.

Elle n'avait pas compris que Jamie eût envie de lire ce livre : jamais une femme ne l'aurait choisi. Mais il n'était pas une femme.

Nicola Wood, qu'elle connaissait un peu, chantait le *Pie Jesu*, et elle se concentra sur la musique. *Dona eis requiem :* donne-leur le repos. C'était un morceau très simple, presque une berceuse, dont la mélodie se développait lentement jusqu'à la résolution finale. En vérité, un requiem est un peu une berceuse. Si je devais monter au ciel, j'aimerais que ce soit Fauré qui m'accompagne. Malgré elle, elle repensa à la mort de McInnes, enseveli dans la mer. Si c'était un suicide, il avait dû vivre ses derniers instants avec joie, aspirant à abandonner son instinct de survie pour une vision de l'au-delà. *Donne-lui le repos éternel.* La musique se devait de souligner avec recueillement ces mots si tristes mais si touchants.

Puis ce fut *In paradisum*. En délicat contrepoint aux voix, la partition d'orgue offrait un kaléidoscope de sons presque hypnotique. Mais les mots surtout retinrent l'attention d'Isabel : « Que les Anges te conduisent au paradis / Que les martyrs t'accueillent / Et qu'ils te guident / Vers Jérusalem. » Il n'est à la mort point de consolation, au-delà des dérivatifs classiques. Voilà le secret de cette musique : même si on ne croit au départ ni aux anges, ni au paradis, elle vous pousse, dans ses moments les plus sublimes, vers la foi.

Les dernières notes s'évanouirent et la salle applaudit. Isabel resta à sa place pendant que les spectateurs se levaient pour l'entracte. Une dame assise à côté d'elle croisa son regard.

– C'était sublime.

– Absolument sublime, répondit Isabel en hochant la tête.

Quand la ruée vers le bar commença à se calmer, elle se leva et descendit au niveau inférieur. Dans le grand hall d'entrée, les larges doubles portes étaient ouvertes pour laisser entrer l'air frais de la nuit. Au concert, pour une raison qu'elle ne s'expliquait pas, elle avait toujours mal aux pieds. La chaleur ou la position assise prolongée – qui sait ? – lui donnait envie de se mettre pieds nus ou de sentir un courant d'air contre ses chevilles, comme en ce moment.

Elle sortit sur le trottoir devant le théâtre. Elle vit passer un petit groupe d'étudiants absorbés dans leur conversation. L'un d'eux, un jeune homme portant bouc et lunettes, monologuait avec animation. Il avait dû faire une plaisanterie car soudain tous éclatèrent de rire.

Puis ce fut le tour d'un sans-abri qu'Isabel reconnut car on le voyait souvent dans les parages, essayant de vendre un magazine. Isabel lui en achetait parfois un exemplaire, non qu'elle s'intéressât au contenu, mais pour l'aider.

– Lazare, marmonna-t-elle.

Le mot lui avait échappé et elle resta pétrifiée. Avait-il entendu ? Il ne comprendrait sans doute pas qu'elle l'appelle Lazare. Effectivement, il s'arrêta et fixa Isabel, de l'autre côté du petit muret qui délimitait l'entrée du théâtre.

– Lazare ? C'est pas moi, Lazare, maugréa-t-il sur un ton nasillard.

– Excusez-moi, fit Isabel, très troublée. Je parlais toute seule.

– Oui, eh ben, c'est pas moi, répéta-t-il en fronçant les sourcils. Je suis pas Lazare.

– Non, bien sûr.

Il jura à mi-voix. Isabel commença insensiblement à s'écarter, mais ce n'était pas nécessaire car déjà il s'éloignait. Isabel se demanda ce qu'il allait penser d'elle. Si elle avait pensé à Lazare, c'était à cause du *Requiem* : *Et cum Lazaro quondam paupere / Æternam habeas requiem* (« Et jouis du repos éternel en compagnie de celui qui fut autrefois le pauvre Lazare »). Lazare, l'ancien pauvre, conduit au ciel par les anges, comme dans la parabole.

Quelqu'un lui tapa doucement sur l'épaule. Peter et Susie Stevenson étaient venus la rejoindre. Susie tenait un verre d'eau glacée où flottait un zeste de citron.

– Je t'ai vue d'en haut et j'ai pensé que ça te ferait plaisir.

Isabel la remercia.

– Pourquoi fait-il toujours si chaud pendant les concerts ?

– C'est à cause de tout ce monde, dit Peter. Et il n'y a pas du tout de climatisation. C'est sans doute une bonne chose, avec le réchauffement de la planète dont on nous parle tout le temps.

Ils échangèrent des remarques sur le Fauré et la suite du programme. Isabel ne suivait la conversation qu'à demi, encore embarrassée par sa rencontre avec le sans-abri.

– Ne parle pas toute seule, marmonna-t-elle.

– Pardon ? fit Peter.

– Justement, j'allais venir vous voir, dit Isabel précipitamment. Il y a quelque chose qui me tracasse au sujet de ce tableau.

Elle but une gorgée d'eau.

– Ah, tu es toujours tentée ? dit Peter. Je crois bien que tu vas finir par l'acheter. Et pourquoi pas ? Ce n'est pas ça qui te mettra sur la paille.

– Je n'ai pas du tout l'intention de l'acheter, pour la bonne raison que c'est un faux.

– Comment ? s'écria Peter. Tu as des preuves ?

– J'ai des preuves. Et je connais le coupable. Il s'appelle Frank Anderson.

Peter fut surpris par le ton sans réplique d'Isabel. Elle avait parlé avec conviction, et même avec colère en prononçant le nom du faussaire. Elle en était étonnée : comme lui avait fait remarquer Jamie, pourquoi réagir si violemment sur un sujet qui ne la concernait pas vraiment ? Elle se sentait pourtant concernée. Sans Walter Buie, elle aurait été une *victime*. Trompé, il avait cherché à son tour à la tromper.

Susie coupa court à ses réflexions :

– Tu as dit Frank Anderson ?

– C'est ça, fit Isabel en la regardant attentivement. Tu connais ce nom ?

Dehors, la sirène d'une ambulance semblait se rapprocher. Inquiet, Peter regarda sa montre. Le concert reprenait dans cinq minutes.

– Tu le connais ? insista Isabel en haussant le ton pour couvrir le bruit de la sirène.

Susie laissa son regard se poser sur les passants. Elle tournait le dos à la salle et son ombre tombait sur le petit muret. Elle cherchait en vain dans sa mémoire où elle avait entendu ce nom, pourquoi il lui semblait familier. L'ambulance passa, contournant une voiture qui s'était arrêtée en plein milieu du carrefour, le conducteur paralysé par cette irruption.

– C'est un nom courant, poursuivit Peter. Il doit y avoir beaucoup de Frank Anderson en Écosse. Mais ce que je voudrais savoir, Isabel, c'est comment tu es au courant de tout ça.

Encore une fois, il regarda sa montre. Elle doutait qu'il puisse vraiment être convaincu par son explication.

– Tu sais que nous sommes allés passer quelques jours à Jura ? Et tu te souviens que ces deux tableaux sont justement des paysages de Jura ? Eh bien, j'ai découvert qu'un type appelé Frank Anderson a fait il y a quelque temps un séjour là-bas, et il a laissé un petit tableau peint par lui. Du pur McInnes. Je l'ai vu de mes yeux, Peter. J'en suis absolument certaine. C'est le même paysage que le tableau de Walter Buie.

Voilà, elle avait exposé ses preuves. Peter la regardait : l'avait-elle convaincu ?

– D'accord, dit-il enfin. C'est une sorte de preuve, ou du moins c'est une bonne raison d'être méfiant.

Une sonnerie annonça la fin de l'entracte. Ils rentrèrent dans le théâtre.

– Ça ne me plaît pas du tout, dit Susie. Ce que tu as découvert, c'est illégal. Tu ne devrais peut-être pas t'en mêler. Ce genre de choses…

– Susie veut dire que c'est dangereux, coupa Peter. Elle a raison. Va voir Guy Peploe et raconte-lui tout. Il saura quoi faire.

– D'accord, dit Isabel sans se faire prier.

– Tu promets ? demanda Peter. Je connais ta tendance à…

– M'occuper des choses qui ne me regardent pas ? l'interrompit Isabel avec un sourire.

– C'est toi qui l'as dit, répliqua Peter.

Beaucoup plus tard, bien après le concert, alors qu'Isabel cherchait en vain le sommeil, Jamie se tourna vers elle. Il lui prit la main et la caressa doucement. La pièce était plongée dans l'obscurité, à l'exception d'un rayon de lune qui traversait les rideaux, comme un pinceau lumineux dans le ciel nocturne.

– Tu as tellement bien joué ! dit-elle. Surtout dans le Maxwell Davies.

Jamie pressa sa main contre son cœur. Il avait la peau douce comme du satin.

– Chaque note était parfaite, vraiment.

Il passa la main d'Isabel sur sa poitrine. Elle sentait battre son cœur sous ses doigts, la partie la plus protégée, la plus intime de Jamie. Il lui appartenait peut-être, mais elle ne pouvait pas toucher son cœur.

– Tu exagères, flatteuse !

– Je suis sincère. Je ne fais jamais de compliments qui ne soient pas sincères.

Bizarrement, ils chuchotaient, comme on fait souvent dans le noir, pour ne pas troubler le silence.

– Quand j'étais petit, je croyais que parler dans le noir, c'était comme parler à Dieu. Je ne sais pas pourquoi. Parce qu'il peut nous entendre.

– La différence, c'est qu'on s'entend soi-même, dit Isabel, sceptique. C'est ça la différence.

– Il y a aussi le fait que l'ouïe est stimulée en l'absence d'autres sensations.

Il se tourna vers elle et l'embrassa sur le front. Le dos de sa main reposait contre la joue d'Isabel.

– Raconte-moi une histoire d'homme tatoué, murmura-t-il. Tu me l'avais promis.

– Je te l'avais promis ?

– Oui, oui.

Elle bougea légèrement, et la main de Jamie glissa contre sa joue. Elle pensait à ces hommes tatoués qu'on voit sur les photographies de l'époque édouardienne ; ils s'exhibaient autrefois dans les foires, chaque centimètre de peau couvert de dessins à l'encre à caractère démoniaque, sacré ou exhibitionniste. Que pouvait-elle bien raconter ? Qu'il aimait son épouse, la femme tatouée, et il était fier de son fils, le bébé tatoué ? On aurait dit les vers d'une chanson, mais elle venait juste de les inventer. Ce serait une histoire banale, mais aussi tragique.

– Un homme tatoué pour Jamie ? Voyons... Bon, d'accord, un homme tatoué.

– Je ne dors pas, je t'écoute, dit Jamie, la voix ensommeillée.

Il lui avait communiqué sa somnolence, comme un bâillement en suscite un autre. Elle se sentit submergée par une vague de fatigue. Elle voulait simplement rester là, à côté de lui, dans l'ombre, et plonger dans le sommeil. Elle était si fatiguée qu'elle avait du mal à parler. De toute façon, Jamie semblait s'être assoupi car sa respiration était plus profonde et régulière. Elle ferma les paupières, occultant ainsi le rayon de lune. Avant de sombrer dans l'inconscience, elle pensa à toutes ces histoires qu'on oublie au cours d'une vie, certaines déjà racontées, d'autres pas, et d'autres encore qu'on ne connaît pas vraiment.

L'homme tatoué
Qui aimait sa femme, la femme tatouée,
Et était fier de son fils, le bébé tatoué.

CHAPITRE 17

– Je vois qu'il porte la barboteuse du clan Macpherson, dit Grace en se penchant pour chatouiller Charlie sous le menton. Vous lui avez déjà acheté son premier kilt ?

Isabel avait escompté attendre qu'il ait trois ans.

– Pour mettre un kilt, il faut savoir marcher. Et il aurait un peu froid à ses petites jambes.

– Il sera magnifique, dit Grace en le regardant avec admiration. Charlie Dalhousie aura un succès fou au bal du lycée...

Ne sachant si Charlie porterait le nom d'Isabel, elle s'était interrompue avec un petit sourire gêné. Peu de choses embarrassaient Grace, mais les naissances illégitimes en faisaient partie, même si le mot n'est plus guère usité. On ne parle plus d'enfant « naturel » et, fort heureusement, cela n'a plus de fâcheuses conséquences juridiques. Malgré le nombre d'enfants naissant aujourd'hui hors mariage, il reste pourtant en

Écosse des endroits où c'est encore considéré comme honteux. Dans le milieu de Grace, on était sensible à ce genre de choses. Isabel, qui avait compris, mit Grace à l'aise.

– Oui, Charlie Dalhousie sera un jeune dandy, n'est-ce pas, Charlie ?

– Très bien, dit Grace, qui retourna à son travail.

Isabel avait prévu d'emmener Charlie en ville. Grace pourrait ainsi s'attaquer à la salle de bains du haut, qui, à son avis, se dégradait à vue d'œil. Les joints de la cabine de douche commençaient à moisir, et, selon Grace, c'était la faute de Jamie. Il prenait trop de douches et inondait la cabine. Grace n'était pas une adepte des douches. À moins qu'il soit impossible de prendre un bain et à condition qu'il s'agisse d'une douche rapide, et qu'on éponge les carreaux après pour éviter la formation de moisissures.

– J'ai acheté quelque chose pour la douche, dit Grace. C'est du…

– Je sais, répondit Isabel très vite, les moisissures.

Il y eut un silence. Isabel appelait ces critiques de Grace des « motions de censure ». Enfin, le message était passé, et quand elle dit au revoir à Grace, au moment où elle partait avec Charlie, ce fut avec le sourire. Dans la rue, elle repensa à ces moisissures. Parce qu'elle considérait que Jamie était du ressort d'Isabel, Grace la jugeait responsable et voulait la culpabiliser, comme si Isabel n'avait pas déjà un lourd fardeau de culpabilité à porter. Elle se sentait coupable d'avoir utilisé sa fortune personnelle pour racheter la *Revue*, et aussi du plaisir qu'elle éprouvait à se figurer la tête de Lettuce quand il lirait la lettre de Simon. Elle l'imaginait l'ouvrant avec un certain dédain, ayant vu le cachet d'Édimbourg et supposant qu'il s'agissait de quelque missive sans conséquence d'Isabel. Et voici qu'au contraire il tenait dans sa main tremblante une missive de Simon Mackintosh, WS, associé du gros cabinet Turcan Connell. Lettuce ignorait sans doute le sens des initiales WS, *Writer of the Signet*, ce qui voulait dire qu'il appartenait à cette auguste association dont la splendide bibliothèque donne sur la cathédrale Saint Giles, au cœur même d'Édimbourg. Que Lettuce médite ceci, depuis sa forteresse londonienne. Ainsi George II le Hanovrien avait dû trembler à la nouvelle que Bonnie Prince Charlie avait défait ses généraux.

Ses pensées étaient douces, mais indignes d'une philosophe dotée d'une conscience morale. Ce n'est pas bien de prendre une joie mauvaise au malheur des autres sous quelque forme que ce soit. Sans pouvoir s'en empêcher, elle évoqua à nouveau le visage de Lettuce choqué et incrédule, et cela la fit sourire. Charlie la regarda et lui sourit aussi.

Son but ce matin-là était de se rendre dans Dundas Street pour voir Guy Peploe. Elle avait pris cette résolution la veille pendant le concert au Queen's Hall. Puisqu'elle avait Charlie avec elle, il valait mieux qu'ils se retrouvent au café Glass & Thompson, à deux pas de la galerie. Elle pourrait donner le biberon à

Charlie, qui s'amuserait des couleurs et de l'agitation d'un tel endroit.

Elle arriva la première et s'installa sur un banc du fond, observant les deux jeunes gens qui faisaient du café et préparaient le pain et les quiches en prévision de l'afflux des clients dans deux heures, pour le déjeuner. Guy apparut soudain devant elle et regarda Charlie avec amusement.

– Macpherson, dit Isabel. Ma grand-mère était une Macpherson, et dans la famille on aime bien ce motif.

– C'est très beau, ce violet. Charlie est déjà un vrai petit gars.

Il s'assit et regarda Isabel d'un air interrogateur.

– Eh bien, il s'agit de McInnes.

– Malheureusement, nous l'avons vendu il y a deux jours, dit-il, l'air navré. Au collectionneur dont je vous avais parlé. Le tableau va partir à l'étranger. Quel dommage ! Si j'avais su que vous étiez toujours intéressée…

Voyant l'air consterné d'Isabel, il se méprit sur sa réaction.

– Je suis vraiment désolé, mais je croyais que vous aviez décidé de ne pas l'acheter.

Isabel réfléchissait. La nouvelle qu'elle lui apportait en serait d'autant plus désagréable.

– Vous êtes très contrariée, Isabel ? demanda-t-il, compatissant.

– Mais non, pas du tout. Et je n'avais pas l'intention

de l'acheter. Je voulais simplement vous voir parce que j'ai fait une découverte au sujet du tableau.

– Cela m'intéresse beaucoup. Je vous l'ai dit, je le trouve particulièrement beau.

– Le problème, dit Isabel, c'est que ce tableau est un faux. Ce n'est pas un McInnes.

Elle commanda deux cafés crème au patron du restaurant qui s'était approché de leur table.

– J'ai la certitude que ce tableau a été peint par un faussaire qui s'appelle Frank Anderson. Je ne sais pas qui il est, ni où il vit. Mais c'est lui qui a peint cette toile, et pas McInnes. C'est un peu compliqué à expliquer, mais j'en suis sûre.

On leur servit leur crème. Guy écrasa la mousse de lait avec sa cuillère, les yeux fixés sur sa tasse comme pour y trouver la solution de l'énigme.

– Ce que vous me demandez, dit-il enfin, c'est de ne pas faire confiance à mon jugement sur l'authenticité d'un tableau. Mais pourquoi ? Qu'est-ce qui est compliqué ?

Elle lui raconta comment elle avait découvert le tableau de Barnhill, dont elle était sûre qu'il était de la même main que la toile plus grande qu'il venait de vendre.

– Vous dites qu'il vous suffit de le regarder, conclut-elle. Pour moi, c'est la même chose, du moins dans ce cas.

Ils restèrent silencieux une longue minute.

– Qu'est-ce que je fais maintenant ? soupira Guy, qui

pensait tout haut. À part contacter l'acheteur et lui dire qu'il y a des doutes. Et après ?

Il regardait Isabel, comme s'il attendait une suggestion.

– Ce n'est pas simplement mon avis. Si j'étais la seule à avoir des réserves, je serais moins catégorique. En fait, je crois que le type qui a remporté l'enchère sur le McInnes partage ce point de vue.

– Vous ne voulez pas dire qu'il s'agit également d'un faux ? demanda Guy, sceptique.

– Walter Buie a essayé de me le vendre presque immédiatement après l'avoir acquis, dit Isabel sèchement. Je pense qu'il avait découvert la vérité et qu'il voulait s'en débarrasser.

– Walter Buie ? s'exclama Guy en secouant la tête. C'est impossible. Walter n'est pas du genre... Jamais il ne...

– Pourquoi le revendre alors ?

– Je pourrais vous raconter quantité de cas où les acheteurs se ravisent presque sur-le-champ. Quand ils rapportent la toile chez eux, ils s'aperçoivent qu'elle détonne à l'endroit où ils voulaient l'accrocher. Ou alors quelqu'un fait une remarque et ils se rendent compte qu'elle n'est finalement pas à leur goût. Il y a mille raisons pour changer d'avis.

Certes, on peut changer d'avis, se disait Isabel, mais dans ce cas précis il y avait trop de facteurs convergents. En outre, Walter Buie était peut-être un parangon de respectabilité aux yeux de la société, mais ces gens-là n'ont-ils pas souvent une vie cachée, moins avouable ? Et puis on était à Édimbourg, ville natale du créateur du Dr Jekyll et de Mr Hyde.

– Quoi qu'il en soit, dit Guy, je vais faire le nécessaire, même si je crois que vous vous trompez. Je vais essayer d'en savoir plus, si toutefois il y a quelque chose à découvrir. Je préviendrai l'acheteur et je ferai ma petite enquête sur ce Frank Anderson.

– Le nom vous dit quelque chose ? demanda Isabel.

– Vaguement, répondit-il, perplexe. Pas plus. Je vous tiendrai au courant si je trouve. Vous voulez que j'en informe Walter Buie ?

Elle fut brièvement tentée, dans la mesure où cela la dispenserait d'agir. Toutefois Isabel n'était pas du genre à esquiver ses responsabilités et elle déclina l'offre. Dans cette affaire elle irait jusqu'au bout, par principe. Et puis cette touche de mystère avait son attrait, un attrait tout en modération, ainsi qu'il convient à une ville comme Édimbourg. Elle revint sur ses pas le long de Dundas Street, admirant les élégants jardins du côté nord de Queen Street. Pour les frissons, Glasgow semble plus approprié, ou même Londres, si on est prêt à aller jusque-là.

Quand elle fut de retour chez elle, Grace lui enleva Charlie. Elle voulait l'emmener au jardin pour profiter du beau temps, qui n'allait pas durer.

– Ce renard a encore retourné le petit massif de rosiers, dit Grace. Vous savez, près de la cabane.

– Vous voulez dire le petit pavillon ?

– Oui, peu importe. Il a creusé un trou énorme et toute la terre est sur la pelouse.

Isabel jeta un coup d'œil par la fenêtre. L'herbe semblait effectivement plus sombre près du pavillon.

– Il doit préparer son nouveau terrier. Même les renards ont des projets. Ils sont sans doute eux aussi confrontés à des dilemmes : rénover l'ancien terrier ou bien en creuser un nouveau.

Grace lança à Isabel un regard où l'incrédulité le disputait au mépris.

– Ce n'est pas comme ça que ça se passe chez les renards, dit-elle enfin.

Isabel soutint son regard sans répondre. Grace prenait tout au premier degré, comme d'ailleurs beaucoup de gens. Ils sont une petite minorité, de plus en plus réduite, ceux qui laissent divaguer leur imagination, apprécient l'ironie et ont le goût de l'absurde. Isabel se souvenait d'une conférence à Oxford, au collège de Christ Church plus précisément. Dans le grand hall, sa voisine au petit déjeuner était une Japonaise, qui avait accompagné son mari, philosophe, à cette rencontre sur « Kant pour notre temps ». Soudain, celle-ci s'était tournée vers elle.

– Je suis tellement démodée, un vrai fossile.

Ce commentaire qui venait du cœur était dû au spectacle qu'offraient le grand hall et ses tables éclairées, les portraits d'anciens professeurs et bienfaiteurs du collège accrochés aux murs, la présence de ce qui semblait être un passé plus serein. Isabel l'avait tout de suite trouvée sympathique.

– Il y a sûrement un club pour vous, avait-elle dit, le Club des fossiles. Les réunions ont lieu dans des endroits comme celui-ci.

La femme avait ouvert de grands yeux, puis éclaté de rire.

– Le Club des fossiles. C'est bien trouvé.

En fait, ce n'était pas si drôle que ça. Et pourtant elle avait, l'espace d'un moment, ressenti un point de contact entre deux cultures, deux esprits semblables cherchant à se rejoindre. Cela lui arrivait parfois de rencontrer quelqu'un qui partageait sa vision de la vie et son sens de l'humour. Elle revint péniblement à la conversation avec Grace sur les dégâts causés au massif de rosiers par maître Goupil.

– Avec Charlie, il faudra surveiller ce renard, dit Grace.

Isabel fronça les sourcils. Grace voulait-elle dire que maître Goupil allait faire du mal à Charlie ? Les renards s'attaquent-ils aux petits enfants ? On aurait dit que Grace avait lu dans ses pensées :

– Ils emportent bien des agneaux, dit-elle d'un ton lugubre.

L'idée que l'on puisse *dévorer* Charlie consterna Isabel. C'était déjà assez effrayant d'imaginer le monde dangereux qui l'attendait, rempli de menaces. Mais être dévoré...

– Maître Goupil ne lui ferait pas de mal. Les renards

ne mordent pas, sauf s'ils se sentent cernés. Les loups non plus d'ailleurs.

Grace aurait peut-être admis qu'on défende les renards, mais les loups, non.

– Ce n'est pas vrai, ils mordent. C'est très dangereux, les loups. J'ai une sœur au Canada.

Isabel avait l'air dubitatif. À première vue, le fait qu'un membre de sa famille vive au Canada n'en faisait pas une spécialiste des loups, même si cela lui conférait une certaine autorité dans d'autres domaines.

– On n'a jamais vu les loups attaquer l'homme. Ils le fuient au contraire.

Elle fut tentée de dire qu'elle était allée au Canada elle-même sans jamais voir un loup, ce qui était vrai et renforçait empiriquement sa position. En toute honnêteté, elle devait reconnaître qu'elle n'avait jamais dépassé Toronto ; cet argument ne pesait donc pas lourd.

– De toute façon, comme je le disais, décréta Grace en prenant Charlie dans ses bras, ce serait mieux qu'il n'y ait pas de renard dans le jardin, c'est tout.

La discussion en resta là et Isabel alla dans son bureau pour s'occuper du courrier. Pensant qu'elle allait bientôt abandonner ses fonctions à la *Revue*, elle l'avait laissé s'accumuler sans l'ouvrir. Il lui fallait maintenant planifier les numéros suivants, lire les propositions d'articles non sollicités et nommer un comité de rédaction. La liste des candidats potentiels s'allongeait petit à petit. Jim Childress, de Charlottesville, serait un précieux atout ; elle espérait convaincre Julian Baggini, déjà responsable du *Magazine des philosophes*. Ce serait plus agréable de pouvoir se référer à un comité composé d'amis. Fini, les Lettuce et les Dove. De Lettuce et de Dove je me suis libérée, se dit-elle en savourant les mots, qui sonnaient comme un madrigal anglais du seizième siècle dans le style italien, chanté par les Tallis Scholars, par exemple :

> De Lettuce et de Dove je me suis libérée,
> De leurs complots me voilà délivrée,
> Ils ont disparu comme la rosée du matin,
> Lettuce et Dove ont tous deux disparu…

Justement, il y avait dans le courrier une lettre de Dove :

> Chère Miss Dalhousie,
> Le professeur Lettuce vient de m'apprendre que vous aviez réussi à racheter la *Revue*. J'ai aussi cru comprendre que vous alliez nommer un nouveau comité de rédaction qui n'inclura pas les anciens membres. Je regrette que vous jugiez utile de vous dispenser de services de ceux qui ont tant contribué à la *Revue* depuis des années, et qui ont toujours eu ses intérêts à cœur. C'est le privilège de ceux qui disposent du pouvoir financier que de pouvoir ainsi racheter des entreprises qui, dans un monde mieux ordonné, devraient appartenir à la

collectivité et être gérées en conséquence. Toutefois je dois avouer être surpris de cette conduite digne du patron atrabilaire d'un groupe de presse, de la part d'une philosophe spécialiste de l'éthique, ce que vous prétendez être, bien que vous n'ayez occupé, je le note en passant, aucun poste universitaire dans ce domaine. Ainsi, hélas, vont les affaires aujourd'hui. Je vous souhaite néanmoins tout le succès possible à ce poste auquel vous semblez indissolublement liée.
Sincèrement vôtre,

Christopher Dove.

Elle lut et relut cette lettre, qui était, elle devait l'admettre, un chef-d'œuvre de venin. Pour qui aurait ignoré le contexte, et ignoré que Dove était un habile manipulateur, cela pouvait avoir quelque chose de poignant. Elle n'y voyait que de l'hypocrisie. Hypocrisie pour notre temps, se dit-elle.

Elle reposa la lettre et prit l'enveloppe. Dove avait la réputation de tout recycler, en particulier les enveloppes déjà utilisées, en collant une nouvelle étiquette pour l'adresse et en fixant le rabat avec du Scotch. Effectivement, c'était le cas de celle-ci. Machinalement, elle leva l'enveloppe à la lumière et vit ce que masquait la nouvelle étiquette. Il s'agissait bien de l'adresse de Dove. Mais les destinataires étaient *M. et Mme Dove.*

CHAPITRE 18

Elle avait maintenant deux tâches pénibles à accomplir. D'abord une discussion avec Cat. Pas facile étant donné l'humeur actuelle de sa nièce, et d'autant plus épineux vu le problème Dove. Ensuite une rencontre avec Walter Buie. La veille au soir, dévorée par l'inquiétude et l'indécision, redoutant les deux entrevues qui l'attendaient, elle avait été incapable de se concentrer sur la lecture, sur son travail et même sur l'adaptation télévisée d'un roman qu'elle aimait. À cause d'une répétition très tardive, Jamie n'avait pu assister au bain de Charlie. Après avoir décidé de lui parler de Cat et Dove pour lui demander conseil, elle avait finalement changé d'avis. Elle avait pensé ne pas évoquer sa visite chez Walter Buie, mais là aussi elle avait changé d'avis. Tout ce que Jamie lui dirait, ce serait de ne plus penser à cette histoire et de laisser Guy Peploe s'en occuper. Ne trouvant de réconfort nulle part, elle en avait été réduite à se rabattre sur Charlie, qu'elle était en train de changer.

– Qu'est-ce que je dois faire, tu peux me le dire ?

Il gazouillait sans se prononcer sur la question, ce qui lui remontait le moral. Avant qu'il ne soit capable de la contredire, elle avait quelques années devant elle.

L'entrevue avec Cat était la première sur la liste, potentiellement la plus douloureuse. Mieux valait s'en débarrasser rapidement. Malgré le ton désinvolte de Cat, Isabel sentait que sa relation avec sa nièce était si durablement compromise que les choses pourraient difficilement être pires. Elles se parlaient encore, mais l'humeur de Cat était imprévisible. Un jour tout semblait oublié, et le lendemain la rancune se manifestait. Si Isabel avait estimé que cette situation allait durer toujours, elle aurait été profondément déprimée. Mais elle savait que Cat changerait d'attitude, comme c'était si souvent arrivé. En général, Cat faisait un geste qui précipitait la réconciliation. La dernière fois, c'était une offrande propitiatoire sous la forme d'un panier de douceurs venant de son magasin. Malheureusement, maître Goupil l'avait trouvé le premier et en avait dévoré la plus grosse partie. Devant cette manne tombée du ciel, le renard avait dû éprouver la même émotion que les adeptes mélanésiens du culte des cargos.

Elle confia Charlie à Grace : on n'emmène pas un bébé dans une zone de combat. Plongée dans ses pensées, Isabel se dirigea à pied vers Bruntsfield Place, longeant Merchiston Crescent. Quand elle entra, Cat était au comptoir et Eddie semblait absent. Il n'y avait pas de clients.

Elle fut reçue avec une certaine chaleur, due à l'effet Dove, sans doute. Cat lui proposa une tasse de café.

– Eddie est chez le dentiste. Il m'a avoué que sa dernière visite remontait à deux ans, alors je lui ai pris rendez-vous.

– Ce n'est pas à toi de faire ça, dit Isabel. C'est déjà suffisant de s'occuper de ses dents à soi. Si, en plus, il faut s'inquiéter des dents des autres...

– C'est pourtant le cas, répondit Cat en souriant. Je suis sûre d'ailleurs que tu t'intéresses aux dents des autres. Ça te ressemble, ce genre de préoccupations.

– La perte d'une dent me diminue parce que j'appartiens au genre humain, dit Isabel.

– C'est de John Donne, lança Cat, triomphante. Tu crois que je suis inculte, mais je sais reconnaître du John Donne.

– Bravo ! Je t'assure que je n'ai jamais pensé que tu pouvais ne pas connaître John Donne.

– Très bien.

Elles se regardèrent un moment, et Isabel crut lire dans les yeux de Cat le désir non exprimé de revenir à l'aisance de leurs rapports d'autrefois, quand elles pouvaient échanger ce genre de plaisanteries un peu bêtes, sans réfléchir. Car il y avait véritablement de l'amour entre elles, menacé par un ressentiment qu'il eût été si facile d'extirper. Et voici qu'elle allait à nouveau provoquer la rancune de Cat, comme pour remuer le fer dans la plaie. Elle savait qu'elle n'avait pas le choix. Il fallait l'avertir que Dove était marié. Elle avait déjà eu l'occasion de la mettre en garde contre un autre homme et elle allait recommencer.

Elle baissa les yeux vers le comptoir. Un fragment de fromage était collé contre un bord, une petite masse de fromage bleu, colonie miniature d'organismes séparée de la métropole. Elle se pencha pour l'essuyer.

– Christopher Dove, dit-elle enfin.

– Christopher, fit Cat en souriant.

Isabel ne sut pas comment interpréter cette réponse, mais elle ne pouvait plus reculer maintenant.

– Tu sais qu'il est marié ?

Cat ne bougeait pas, les yeux fixés sur Isabel, qui dut détourner les yeux, ne pouvant supporter de la voir souffrir ainsi.

– Marié ? répéta Cat d'une petite voix.

Isabel se sentit envahie d'une grande pitié.

– Oui, il y a malheureusement une Mrs Dove.

– Pourquoi est-ce que tu me dis ça ? demanda Cat en fermant les yeux.

Isabel avança la main pour prendre celle de Cat, espérant lui transmettre ce qu'elle ne pouvait mettre en mots. Cat se recula.

– Parce que tu as le droit de savoir. C'est le genre de choses que tu dirais à une amie, non ? Tu ne voudrais pas qu'elle soit menée en bateau par un homme marié.

– Tu crois qu'il m'a menée en bateau ? lança Cat en rouvrant les yeux.

Isabel n'avait pas imaginé une seconde que Cat fût au courant. Elle était partie du principe que Cat ne voudrait pas se lancer dans une aventure avec un homme marié. Elle se rendit compte brusquement que cette hypothèse n'avait aucun fondement. Cat appartenait à une génération qui ne croit pas au mariage. Beaucoup vivent ensemble tout en restant célibataires. Avoir une liaison avec un homme marié n'est peut-être plus un tabou. Comme j'ai été naïve ! se dit-elle.

– C'est que..., bredouilla-t-elle en cherchant ses mots. Je me suis dit que tu croyais peut-être qu'il était libre. C'est difficile de savoir...

Cat l'interrompit :

– Ça te plaît de venir me dire ça, hein ? Non seulement tu me prends Jamie, mais maintenant tu essaies de tout gâcher. Pourquoi est-ce que tu ne peux pas...

Isabel ne pouvait en croire ses oreilles. Lui prendre Jamie ? Elle inspira un grand coup : il y avait tant à dire face à une accusation aussi ridicule.

– Je ne t'ai pas pris Jamie. Tu ne peux pas dire ça. C'est toi qui as rompu, toi. Tu ne te rappelles pas combien de fois il a cherché à revenir avec toi ? Tu ne voulais pas en entendre parler. Et maintenant tu me dis que c'est moi qui te l'ai pris ?

– Ça ne s'est pas passé comme ça.

Encore une fois Isabel tendit la main, mais Cat se détourna.

– Cat !

– Laisse-moi tranquille, s'il te plaît. Laisse-moi.

La porte du magasin s'ouvrit. Isabel se retourna : c'était Eddie. Il avança vers le comptoir en lui souriant. Puis il s'adressa à Cat, qui lui tournait le dos.

– Mes dents sont parfaites, dit-il. Le dentiste n'a rien eu à faire, à part les détartrer. Regardez !

Il ouvrit largement la bouche. Isabel indiqua Cat d'un geste.

– Je m'en vais, dit-elle. Occupez-vous de Cat.

Elle sortit du magasin et se dirigea vers Chamberlain Road. Le modeste sommet de Churchhill s'élevait devant elle, avec en toile de fond les Pentland, qui paraissaient bleues de loin, et leur voile de nuages bas. Autrefois, elle avait lu un texte d'un poète, un poète irlandais si sa mémoire était bonne, où il était dit que tous les hommes pourraient être sauvés à condition d'avoir toujours les yeux fixés sur le sommet de la montagne. De quel salut voulait-il parler ? Ce n'est pas suffisant de regarder la montagne pour être délivré des douleurs cruelles causées par les différends entre les êtres, entre frère et sœur, entre sœurs, entre tante et nièce. En gardant les yeux fixés sur le sommet, peut-être évitait-on de prendre trop au sérieux ses petites angoisses et ses rancunes mesquines. Quelque chose comme ça, sans doute.

Le staffordshire terrier de Walter Buie, sorte de petit boxer aux muscles hypertrophiés, de type mésomorphique, gronda en voyant Isabel, révélant des chicots décolorés. Il avait l'haleine si forte qu'Isabel, à un bon mètre de l'animal, l'avait remarqué.

– Allons, Basil, ne fais pas le méchant, dit Walter en tirant sur son collier.

Le chien s'éloigna, sournois, comme un petit voyou qui doit remettre à plus tard la bagarre espérée.

– Quel beau chien ! dit Isabel. Les staffordshires ont beaucoup de caractère.

Walter Buie, ravi du compliment, lui fit un large sourire.

– C'est gentil. Il y a des gens qui trouvent Basil un peu difficile à approcher. Mais il est très affectueux.

Involontairement, Isabel leva un sourcil dubitatif.

– Chaque chien a quelque chose d'intéressant, énonça-t-elle, incapable d'en dire plus.

– Absolument, renchérit Walter. Mais entrez, je ne veux pas vous faire attendre sur le seuil.

Ils passèrent au salon.

– Ma mère, dit Walter. Je ne crois pas que vous la connaissiez.

Isabel fut déconcertée, pensant trouver la pièce vide. Elle se reprit vite et se dirigea vers la fenêtre où se tenait la vieille femme. Celle-ci, se retournant, tendit la main à Isabel. Isabel sentit la peau sèche et rugueuse, remarqua les orbites creusées et les paupières plissées, parsemées de taches brunes.

– J'allais faire du thé, dit la vieille dame. Non, non, Walter, reste avec…

– Isabel.

– Oui, bien sûr. J'ai connu votre mère, vous savez. Nous jouions au bridge de temps en temps.

Ses yeux fixaient Isabel, sans expression ni lumière. Isabel retint son souffle. *Ma sainte femme de mère*.

– Elle était si belle, et très drôle.

Tout le monde disait la même chose : elle faisait rire.

– Et votre pauvre père, ajouta Mrs Buie.

Isabel ne répondit rien, attendant la suite. Mrs Buie était-elle au courant de la liaison de sa mère ? Elle-même ne l'avait découverte que par une révélation récente de sa cousine, qu'elle avait suppliée de tout lui dire. Il serait étrange qu'elle lui en parle alors qu'elle la rencontrait pour la première fois, sauf si elle avait perdu toute inhibition, ce qui arrive parfois aux personnes âgées et peut conduire à des déclarations embarrassantes. Mais Mrs Buie sortit de la pièce pour aller préparer le thé, sans rien ajouter.

Walter lui fit signe de s'asseoir sur un canapé, près de la fenêtre.

– Alors, le tableau ? dit-il en s'asseyant. Alors, ces informations ?

Isabel avait posé les yeux sur une toile au-dessus de Walter. Sûrement un McTaggart. Il remarqua qu'elle regardait le tableau.

– McTaggart, dit-il. Il appartient à ma mère.

Il fit un geste qui englobait toute la pièce.

– Comme tous les autres. C'est sa collection.

– Mais c'est vous qui avez acheté le McInnes ?

Il hocha la tête. Elle décida de ne plus attendre.

– Je ne suis pas sûre que ce soit un McInnes.

Elle le regardait attentivement et eut d'abord l'impression qu'il ne l'avait pas entendue, ou l'avait mal comprise. Il souriait toujours, mais on aurait dit qu'une ombre était passée sur son visage. Le visage a des centaines de muscles, et même davantage. Comme la surface de l'eau reflète le moindre changement de lumière, la moindre saute de vent, le visage trahit la vie intérieure.

– Je ne comprends pas, dit-il.

– Vous ne saviez pas que c'est un faux ?

Le cœur battant, elle se rendit compte qu'elle l'accusait, ce qui n'était pas judicieux. Trop tard.

– Est-ce que vous suggérez..., commença-t-il.

Il baissait les yeux sur le tapis, incapable de la regarder en face. Ce n'était pas de la culpabilité, mais plutôt de la douleur.

– Pardonnez-moi, dit-elle en posant impulsivement la main sur son bras. Pardonnez-moi, je me suis mal exprimée. Je ne veux pas dire que vous avez essayé de me vendre un faux, pas du tout.

Il semblait chercher à comprendre.

– C'est parce que je voulais le vendre vite que vous avez pensé ça ? dit-il en levant les yeux.

– Ça m'étonnait, reconnut-elle, mais il pouvait y avoir une explication tout à fait rationnelle.

Mensonge. Je mens, se dit-elle, en fait j'ai pensé quelque chose d'injuste. Je mentais aussi en lui faisant des compliments sur son chien. Il faut bien que je mente. On ne peut pas vivre sans faire des compliments aux autres.

Isabel vit qu'il débattait intérieurement pour savoir s'il devait parler. Il parla enfin, hésitant et en baissant la voix :

– Il faut absolument que je le vende. Ou plutôt il le fallait, parce que si ce que vous dites est vrai…

– Vous avez besoin d'argent ?

Cela semblait improbable, dans cette demeure bourgeoise, avec ces meubles, ces tableaux, ces tapis. Rien de tout cela ne suggérait le besoin. Il la regardait fixement, comme s'il répugnait à en dire davantage. Il poursuivit pourtant :

– Aujourd'hui j'ai besoin de trouver un peu plus de cent mille livres, ce qui n'était pas le cas quand j'ai acheté le tableau. C'est ma faute. Je me suis porté garant pour un ami engagé dans le rachat de l'entreprise où il travaillait. Tout semblait absolument solide, mais un comptable avait délibérément sous-estimé le passif. Cet ami est ruiné si je ne trouve pas l'argent. Il perd sa maison, tout. Je suis le parrain de son fils.

Elle se tut. L'explication était très convaincante. Au moment où elle était en train de se dire qu'elle avait été injuste, elle entendit Mrs Buie revenir. Celle-ci était à la porte, chargée d'un plateau qu'elle alla poser sur une petite table.

– Ce tableau n'est pas un faux, déclara-t-elle en regardant Isabel.

– Mère…

Mrs Buie leva la main et lança à son fils un regard furieux. Incapable de faire face à son courroux, il resta muet.

– Vous imaginez que nous avons essayé de vous vendre un faux, Miss Dalhousie ? C'est ça ?

Isabel sentit toute la désapprobation de la vieille femme.

– Je suis désolée, fit-elle sur un ton conciliant, ce n'est pas ce que je voulais dire. Mais il peut arriver qu'en toute bonne foi on vende quelque chose qui n'est pas authentique. Cela pourrait très bien m'arriver aussi.

– Excusez-moi, Miss Dalhousie, mais cela ne peut arriver quand on est familier de l'œuvre des artistes. Je connais Andrew McInnes depuis des années. Je connais parfaitement sa peinture, mieux que personne au monde, j'en suis sûre.

– Vous voulez dire que vous le connaissiez, mère, glissa Walter.

Elle ignora totalement cette intervention.

– Et je peux vous assurer que c'est de sa main. Il n'y a aucun doute là-dessus. Autre chose encore : ce tableau est particulièrement beau, bien mieux que ce qu'il peignait il y a dix ans. Bien mieux.

– Il n'est pas signé, ni verni, dit Isabel.

– C'est parce qu'il n'a pas eu le temps, répondit Mrs Buie. Ce n'est pas plus compliqué que ça.

Pendant le silence qui suivit, Isabel s'interrogea sur

les mots utilisés par Mrs Buie. Le tableau était plus beau que ceux qu'il faisait il y a dix ans ? Que voulait-elle dire ? Elle décida d'insister.

– Vous savez donc quand il a été peint ?

Mrs Buie fut décontenancée par la question. Elle sembla même un peu nerveuse.

– Vous avez dit qu'il n'a pas eu le temps de le vernir, expliqua Isabel. Pardonnez-moi, mais comment le savez-vous ?

C'est alors qu'elle comprit tout. C'était évident. Andrew McInnes n'était pas mort. *Je connais Andrew McInnes depuis des années*. Une femme comme Mrs Buie ne s'emmêle pas dans les temps des verbes.

– Il est toujours vivant, n'est-ce pas ?

Isabel avait parlé si doucement qu'elle entendait à peine ses propres mots. Mais Mrs Buie les avait entendus, et Walter aussi. Il se tourna vers sa mère, l'air ébahi.

– Oui.

– Mère ne se sent pas bien, je crois, murmura Walter en jetant un coup d'œil vers Isabel.

– Je me porte à merveille, répliqua celle-ci froidement. Oui, Andrew est vivant. Vous croyez tout savoir, Miss Dalhousie, mais de mon point de vue vous êtes une ignorante. Si vous étiez allée à la bibliothèque, vous auriez lu les comptes rendus dans les journaux de l'époque. Vous sauriez que son corps n'a jamais été retrouvé. On a pensé que les remous l'avaient avalé. Effectivement, son bateau a coulé, mais lui a réussi à regagner la rive. C'est là qu'il s'est dit que ce serait un moyen idéal de repartir de zéro, sous une autre identité. Et qui le lui reprocherait ?

Il y eut un silence. Mrs Buie insista :

– Alors ? Qui le lui reprocherait ?

– Je comprends, dit Isabel.

– C'est déjà ça, lança Mrs Buie d'un air satisfait.

Elle se tourna vers son fils.

– Walter, ce tableau que tu as acheté sans réfléchir, c'est moi qui l'ai envoyé à la salle des ventes Lyon & Turnbull.

– Vous auriez dû me mettre au courant. Et me dire pour Andrew...

– Impossible, dit-elle sèchement. Impossible de trahir un secret que j'avais promis de garder. Personne ne devait savoir qu'Andrew était vivant.

Walter semblait éberlué.

– Et vous m'avez laissé proposer le tableau à Miss Dalhousie en sachant pertinemment que ce n'était pas tout à fait ce qu'on croyait ? Vous m'avez laissé faire !

– Ce tableau est exactement ce que tu croyais. Tu ne trompais personne. Si tu m'avais dit que tu voulais l'acquérir, au lieu de faire ça tout seul, tu ne serais pas dans un tel guêpier. Pourquoi vouloir acheter un McInnes tout à coup ? Pourquoi ne pas m'en parler ? Je t'aurais mis au courant. Je t'aurais dissuadé.

Isabel croyait deviner la réponse. Walter Buie essayait de voler de ses propres ailes : avec Mrs Buie dans la maison, ce n'était pas facile. Elle eut un mouvement de pitié passager pour lui. Ce n'était pas un faible, mais pour sa mère il serait toujours un petit garçon. Les tableaux aux murs étaient ceux de sa mère, achetés par elle. Peut-être voulait-il sa propre collection, après tout.

Voilà pour Walter. Pour sa mère, c'était différent. Il était difficile de l'imaginer dans ce rôle de conspiratrice. Comment avait-elle été mêlée à cette tromperie ?

– Pourquoi Andrew McInnes est-il entré en contact avec vous puisqu'il voulait apparemment disparaître sans laisser de traces ?...

– Peut-être ne savez-vous pas, coupa Mrs Buie, que j'étais en quelque sorte son mécène. J'achetais ses tableaux avant sa disparition, et depuis huit ans c'est moi qui subviens à ses besoins, modestement. Il a besoin d'une opération orthopédique et il devra attendre longtemps avant d'être pris en charge par la sécurité sociale. Il faut de l'argent pour aller dans une clinique privée. Il a des douleurs en permanence, ça ne peut plus durer. Donc je me suis débrouillée pour vendre deux de ses tableaux.

Elle lança un regard noir à Isabel.

– Je n'avais pas imaginé que quelqu'un viendrait fourrer son nez dans nos affaires et tout compliquer en disant que ce sont des faux. Ce ne sont pas des faux.

Walter Buie fixait sa mère, la lèvre inférieure tremblante.

– Vous auriez dû tout me dire, répéta-t-il sur un ton de reproche. Vous n'avez rien dit, même quand vous avez vu le tableau.

– J'ai toujours respecté le désir d'Andrew, qui voulait qu'on garde son secret, dit-elle avec aspérité. Et ton problème, Walter, c'est que tu es imprudent. Si tu n'avais pas accepté aussi légèrement de cautionner Freddy, tu ne serais pas dans cette situation. John t'avait mis en garde, tu t'en souviens ? Il t'avait expliqué les risques.

– Freddy était mon ami. Il l'est toujours.

– On ne peut pas toujours concilier l'amitié et les affaires, conclut-elle péremptoirement.

Elle se tourna ensuite vers Isabel en touchant nerveusement le collier de perles qu'elle avait au cou.

– Est-ce trop vous demander que de respecter le secret d'Andrew, Miss Dalhousie ? Si vous en parlez, si on révèle la vérité, je vous assure d'une chose, c'est qu'il fera une bêtise.

– La vraie bêtise, c'était peut-être de disparaître comme ça, vous ne croyez pas ?

– Ne plaisantez pas, Miss Dalhousie. Le suicide n'est pas une plaisanterie.

Quand Isabel revint chez elle, elle vit que le téléphone de l'entrée clignotait, annonçant deux messages. Le premier était de Jamie :

« Est-ce que je peux venir dîner ce soir ? J'ai du poisson, deux morceaux de flétan assez petits mais sûrement très bons. Je ferai la cuisine. »

Le second message, d'une durée de vingt-deux secondes, était de Cat :

« Écoute, je suis désolée, je suis vraiment désolée. Je gâche tout et tu es toujours tellement gentille avec moi. Mais c'est parce que tu es gentille, et bonne, et que tu comprends les choses. Et moi, je suis stupide. Tu me pardonnes ? Encore une fois ? »

Isabel sourit. Elle s'était attendue à cette réaction, sans savoir au juste quand et comment elle se produirait. Elle reposa le combiné et entra dans le petit salon. Le soulagement lui faisait presque tourner la tête. En cette fin de matinée, la lumière qui entrait par une petite fenêtre en hauteur dessinait un carré de lumière jaune d'or sur les couleurs passées du tapis d'Orient. Ou bien, comme disait son père, « tapis de Turquie ». Il faisait chaud.

Isabel se remémora tout ce qu'elle avait entendu ce matin-là : elle en aurait des choses à raconter ce soir, en dégustant les deux petits morceaux de flétan ! Ainsi Andrew McInnes était vivant. En apprenant que son corps n'avait jamais été retrouvé, elle aurait dû envisager l'hypothèse qu'il ait survécu. Rétrospectivement, cela paraissait si simple. Pourtant, se dit-elle, je n'ai que la parole de Mrs Buie, et je la connais à peine. Serait-ce possible que ?... Elle fixa le bleu du ciel. Et si Mrs Buie et son fils avaient inventé cette histoire pour dissimuler leur complicité dans un acte illégal ? Pour eux, c'était une échappatoire. Peut-être Walter avait-il deviné les soupçons d'Isabel à la suite de son offre si précipitée. Il en aurait parlé à sa mère, qui l'aurait aidé à imaginer cette histoire de rachat d'entreprise et d'ami qui a désespérément besoin d'argent. Tout cela était trop bien ficelé. Et Isabel y avait cru, jusqu'à prendre au sérieux la mise en garde de Mrs Buie quant à une tentative de suicide. La manœuvre d'intimidation était grossière : l'idée qu'un individu va se suicider si on réalise un projet est le meilleur moyen de tout arrêter. Je m'y suis laissé prendre, se dit Isabel. Et cela a été un jeu d'enfant.

CHAPITRE 19

Grace adorait Charlie et accepta sans hésiter de le garder l'après-midi, pendant qu'Isabel s'occuperait de ce qu'elle présenta comme une « affaire urgente ».

– Ne vous faites pas de souci. Allez-y. Charlie et moi, on va aller voir mon amie Maggie. Elle a été malade, mais ce n'est pas contagieux, c'est un calcul biliaire. Ça lui remontera le moral. Elle ne connaît pas encore Charlie et elle sera très contente de le voir.

Isabel essaya de situer Maggie parmi les nombreux amis de Grace, qui lui racontait parfois leurs frasques et leurs exploits. Qui était donc cette Maggie ?

– Vous vous souvenez de Maggie, bien sûr, poursuivit Grace. Je vous en ai parlé. Celle qui était médium, qui a eu une grosse peur un jour parce qu'elle avait vu quelque chose de déplaisant et qui a tout laissé tomber.

– Comme Ada Doom dans *Cold Comfort Farm* ? suggéra Isabel. Ce personnage qui a vu quelque chose de déplaisant dans le bûcher et ne s'en est jamais remis.

Elle trouvait le roman très drôle ; Grace sans doute moins.

– Non, non, ça n'a rien à voir avec un bûcher. Mais enfin c'était très inquiétant. Elle n'en parle pas, mais je sais qu'elle y pense souvent.

– C'est le problème avec les médiums, avança Isabel avec témérité. L'avenir renferme sans doute beaucoup de choses déplaisantes. Ce n'est pas forcément une bonne chose de savoir…

Grace n'aimait pas parler de son engouement pour le spiritisme, qui était une religion à ses yeux, et elle arbora une expression qui stoppa net Isabel.

– En tout cas, dit celle-ci gaiement, j'espère que Maggie se sentira mieux. Un calcul biliaire, ce n'est pas agréable.

Elle déjeuna tard et donna son biberon à Charlie. Quand il fut endormi, car il devait faire la sieste avant d'aller voir Maggie, elle alla dans le garage à côté de la maison. Il faisait noir dans ce petit bâtiment sans fenêtres, et elle dut tâtonner pour trouver l'interrupteur. Une fois la lumière allumée, les masses mystérieuses se révélèrent être les courbes de sa voiture suédoise verte, les bottes de lavande qu'elle avait fait sécher la tête en bas sur les poutres avant de les oublier, le tuyau d'arrosage soigneusement enroulé, la bicyclette qu'elle n'utilisait plus.

Elle se glissa dans la voiture et respira avec plaisir

l'odeur rassurante caractéristique du cuir, si rare à une époque où le plastique moulé envahit tout. Un ouvrier suédois avait cousu le revêtement de cuir des sièges, y apportant le même soin qu'au moteur, qui ne l'avait jamais laissée en rade et qui démarra aussitôt, comme impatient de partir. Le châssis se mit à trembler légèrement.

Elle remonta Colington Road et emprunta la route de Stirling. Il y avait peu de circulation. À sa droite, descendant jusqu'à l'estuaire du Forth, des champs de colza mûrissant formaient des taches d'un jaune éclatant. Au-delà du Forth et aussi vers l'ouest s'élevaient les montagnes de Fife et de Stirlingshire aux tons bleu-vert. Elle ouvrit sa vitre pour profiter du vent parfumé de la campagne, respirer le foin coupé, l'eau, la terre elle-même. Très haut, seuls des lambeaux de nuages couraient, emportés par quelque courant invisible. L'Écosse baignait dans le bleu.

Elle n'était pas pressée. Il lui faudrait une heure et demie pour atteindre Comrie en prenant une petite route après Braco ; elle était bien décidée à profiter du voyage. Elle ne manquait pas de sujets de réflexion, mais préférait ne pas trop penser à l'objet de cette sortie, de crainte de se laisser décourager par des complications éventuelles. En fin de compte, elle avait décidé de croire Mrs Buie. Elle partait à la recherche de Frank Anderson, non parce qu'elle doutait qu'il fût véritablement McInnes, mais parce qu'elle était allée trop loin pour s'arrêter. Elle avait cherché à en savoir plus sur ces tableaux et avait découvert le secret bien gardé de l'artiste qu'on avait cru mort. Qu'avait-elle obtenu, à part satisfaire sa curiosité au sujet de l'authenticité des tableaux ? C'était difficile à dire. Certes, leur provenance ne faisait plus de doute. Guy Peploe avait eu raison ; son œil d'expert ne l'avait pas trompé quand il avait reconnu la marque de McInnes sur la toile.

D'une certaine façon, McInnes et sa protectrice n'avaient trompé personne. McInnes avait peint un McInnes – il ne pouvait peindre autre chose. Mrs Buie avait mis deux McInnes en vente, à la galerie et à la salle des ventes. La seule tromperie de la part de Mrs Buie était que l'on croyait mort l'artiste qui les avait peints. Isabel ne savait pas très bien ce qu'elle devait en penser. Une chose était sûre, ce serait la dernière fois. Walter Buie lui-même l'avait déclaré en raccompagnant Isabel.

– Ma mère ne s'excuse jamais, avait-il dit en regardant par-derrière. J'ai honte, j'ai vraiment honte. Je sais qu'elle vieillit, mais quand même…

Isabel, en le considérant, se disait que Peter Stevenson ne s'était pas trompé : Walter était un homme honnête. On se moque souvent des traditions d'Édimbourg, mais l'honnêteté en fait partie. La réserve, l'orgueil, mais aussi l'honnêteté.

– Il faut vraiment que je vous présente des excuses à sa place, avait continué Walter. Je vous jure qu'elle ne mettra en vente aucun autre McInnes.

– Vous n'avez rien à vous reprocher, avait répondu

Isabel. Elle a fait ça pour l'aider. C'est lui qui a trompé le monde en faisant semblant de disparaître. Elle essayait de l'aider, c'est tout.

– Il y a des circonstances où il ne faut pas aider les gens, avait ajouté Walter après avoir réfléchi un moment.

Par exemple quand un ami vous demande votre caution financière, avait pensé Isabel. Mais j'aurais agi de même. Je suis mal placée pour lui faire la leçon. Moi non plus, je ne repousserais pas un ami dans le besoin.

Quand elle bifurqua sur la petite route qui menait du village de Braco à Comrie, à travers la montagne, elle était encore plus impatiente de rencontrer McInnes, si toutefois elle arrivait à le voir. Elle ne savait pas où il habitait exactement, ni s'il serait là quand elle arriverait. C'était ridicule de venir jusque dans le Perthshire sans la moindre certitude qu'elle allait y trouver celui qu'elle cherchait. Ridicule, certes, mais je choisis d'agir ainsi parce que je suis libre, que cette équipée pique ma curiosité et renforce ma sensation de liberté.

La route traversait la lande. De chaque côté, les flancs des montagnes s'élevaient doucement, recouverts de bruyère ; çà et là paissaient des moutons. Il n'y avait aucune maison, aucune bergerie, rien qui indiquât la main de l'homme, à part quelques clôtures au loin. C'était un endroit calme, solitaire mais non désolé, contrairement à d'autres lieux du Nord. Enfin la route commença à descendre vers Glenartney et la rivière

Earn, et elle arriva à Comrie, dont on devinait les toits d'ardoises à travers les arbres, les petites maisons aux pignons blancs : un village typique de cette région d'Écosse, ordonné, tranquille, où il n'arrivait jamais rien d'exceptionnel, ce qui convenait aux habitants.

Elle s'engagea dans la rue principale, la route qui traversait le village d'un bout à l'autre, et gara la voiture suédoise verte près du Royal Hotel. De l'autre côté de la rue se trouvait un marchand de journaux, dont la vitrine était constellée de petites annonces collées à l'intérieur avec du ruban adhésif. Isabel adorait lire ces annonces, riches de détails sur la société du coin. À Bruntsfield, il s'agissait surtout d'appartements à partager pour non-fumeurs ayant le sens de l'humour et faciles à vivre ; ou bien on proposait des ordinateurs pratiquement neufs, des chatons qui cherchaient un foyer sans chiens. Ici, c'était des prés à louer pour les poneys, des bassines à confiture qui faisaient double emploi, de l'équipement de pêche. Le Royal Hotel recherchait serveurs et serveuses, mais seulement des candidats « prêts à travailler dur ». Pathétique, une annonce décrivait Smoky, « un chat gris à qui il manque la moitié de la queue », qui avait quitté la maison dix jours auparavant et dont la disparition avait causé « souffrances, regrets et larmes ». Isabel contempla longtemps ce dernier message, s'étonnant qu'un chat puisse laisser autant de choses derrière lui.

Elle entra. Une femme d'âge mûr, les cheveux tirés en arrière, émergea d'une porte recouverte d'un rideau.

Au loin, on entendait de la musique. Mahler, se dit Isabel.

– Oui ? Qu'est-ce qu'il vous fallait ?

Elle avait une voix douce, avec l'accent caractéristique de l'ouest de l'Écosse, Oban par exemple.

Isabel expliqua qu'elle cherchait quelqu'un du nom de Frank Anderson, qui habitait dans le coin, elle ne savait pas exactement où. Est-ce que par hasard elle le connaissait ?

– Je ne le connais pas vraiment, répondit la femme. Il ne vient presque jamais en ville. Mais je sais où il habite. Il faut continuer sur la route et dépasser Cultybraggen. Vous connaissez l'ancienne base d'entraînement de l'armée, là où il y a ces drôles de baraquements ? Une fois que vous aurez passé ça, c'est à un peu moins de trois kilomètres. Il y a un embranchement sur la gauche. On ne voit pas la maison de la route, mais elle est au bout du chemin.

Isabel ressortit. Elle avait demandé s'il y avait une chance qu'il soit chez lui : c'était très probable. Frank Anderson, apparemment, n'allait jamais nulle part, quoiqu'elle l'ait rencontré une ou deux fois à Perth.

– Il boite un peu.

Isabel avait hoché la tête. C'était sans doute la raison pour laquelle il avait besoin de cette opération dont Mrs Buie avait parlé, cette opération que l'assistance publique tardait tant à lui proposer. Même si notre société pratique la solidarité, se dit Isabel, ce n'est manifestement pas suffisant.

Elle quitta Comrie par la même route, en direction de Glenartney. Il n'y avait pas de voitures sur cette voie étroite qui serpentait dans la vallée. Elle trouva sans difficulté l'embranchement sur la gauche que lui avait indiqué la marchande de journaux. Le revêtement noir de la route, plutôt une piste d'ailleurs, n'avait pas été refait depuis longtemps. L'herbe qui poussait par endroits, entre les traces de roues, frottait contre le châssis : le bruit donnait à Isabel l'impression de rouler dans l'eau.

Derrière une petite éminence elle découvrit la maison, qu'on voyait seulement quand on était arrivé. Petite, les murs peints en blanc, c'était plutôt une ferme, ou même une bergerie. Près d'un banc de bois devant la façade, une pivoine était en fleur, explosion de rouge passé contre le blanc du mur. Sur un côté de la maison, Isabel remarqua une vieille voiture poussiéreuse, à demi cachée par une petite remorque.

Elle se gara et se dirigea vers la porte d'entrée, qui était ouverte. Elle entendit des voix à l'intérieur ; une discussion à la radio.

– Mr Anderson ?

La radio se tut immédiatement. Un coq de bruyère lança son cri d'alarme. Elle se retourna à moitié, le soleil dans les yeux.

– Oui ?

Il se tenait devant elle à la porte : elle sut immédiatement que c'était bien McInnes. Le visage avait changé, de manière indéfinissable. Derrière la barbe, elle reconnaissait les yeux de l'homme qu'elle avait vu sur les photographies.

– Mr McInnes ? dit Isabel, incapable de le quitter des yeux.

Il ne répondit rien, mais elle vit que ces mots produisaient leur effet. Il ébaucha un pas en arrière, puis se ravisa. Il ferma les yeux.

– Vous êtes journaliste ?

Cette voix troublante, mélodieuse, c'était la voix généreuse d'un acteur de théâtre.

– Non, non, dit-elle en secouant la tête. Absolument pas.

Il sembla se détendre un peu, mais sa voix trahissait son émotion.

– Entrez, je vous en prie.

– Si cela ne vous ennuie pas. Je ne suis pas venue pour vous créer des problèmes. Croyez-moi, ce n'est pas mon but.

McInnes lui fit signe de le suivre dans le salon. La pièce était petite, mais très confortablement arrangée. Contre un mur, un divan jonché de coussins. Aux murs des tableaux qu'Isabel reconnut, de McInnes et d'autres. Un chevalet maculé de peinture posé contre un mur. C'était un intérieur d'artiste.

– Je peux faire du thé si vous voulez, dit-il. Mais asseyez-vous, je vous prie. Si vous trouvez de la place.

– Je vous remercie.

Il la regarda pousser quelques coussins sur le sofa.

– Pourquoi êtes-vous là ? lança-t-il.

Il y avait de la peur dans sa voix. Comment s'en étonner ? Alors qu'il s'était donné tant de mal pour garder son secret, Isabel venait de violer sa retraite. Et au nom de quoi ? On pouvait se le demander. Elle aurait du mal à expliquer ses actions sans paraître grossièrement indiscrète.

– En fait, j'ai vu un de vos tableaux récents et j'ai voulu en savoir davantage.

– Alors c'est simplement de la curiosité ? demanda-t-il après un silence.

Isabel hocha la tête, consciente que cela ne la montrait pas sous un jour très flatteur.

– Je n'aurais jamais dû accepter qu'ils soient mis en vente, soupira McInnes. Je n'ai rien vendu sous le nom de McInnes depuis qu'il est mort.

– Depuis qu'il est mort ?

Il se détourna.

– Oui. L'homme qui s'appelait McInnes est mort. Cela va vous sembler bizarre, poursuivit McInnes sans attendre la réaction d'Isabel, mais c'est comme ça que je le ressentais. Tout était sali, je n'avais pas d'avenir. J'ai décidé de recommencer à zéro.

Il regarda Isabel comme pour la défier de le contredire.

– Et vous savez quoi ? J'ai été très heureux de vivre ici sous le nom de Frank Anderson. Je faisais un peu de peinture. J'ai même réussi à gagner ma vie en gardant des moutons ou en conduisant un tracteur pour les fermiers du coin.

Isabel attendit qu'il continue, mais il restait silencieux.

– Je comprends, dit-elle, je comprends qu'on ait la tentation de s'inventer une autre vie.

– Vous comprenez, mais vous n'approuvez pas, c'est ça que vous voulez dire ?

– Ça dépend.

– Vous jugez que j'ai mal agi en faisant croire que je m'étais noyé.

– Pas vraiment, dit Isabel en secouant la tête.

– D'ailleurs, je n'avais pas d'assurance-vie. Je n'ai rien fait d'illégal.

– Mais des gens ont dû pleurer votre mort. Des gens ont souffert.

– Personne, dit McInnes sèchement. Je n'avais pas de famille proche. Mes parents étaient morts et j'étais fils unique.

– Mais vous aviez une femme, dit Isabel doucement.

– Je n'avais plus de femme. Elle était partie avec un autre. De toute façon, elle m'avait fait plus de mal que je ne pouvais lui en faire.

Il y eut un silence. McInnes savait-il que sa femme à son tour avait été abandonnée ? Cela ne ferait peut-être pas la moindre différence.

Il était debout devant la fenêtre, la lumière de l'après-midi sur sa chevelure indisciplinée. Quelque chose en lui trahissait l'artiste. Il avait eu beau changer d'identité, cette partie de lui subsistait, ainsi que ses yeux, ses cheveux. Son regard surtout avait une grande intensité, comme Picasso. Un ami de Picasso prétendait que son regard pouvait brûler le livre qu'il lisait.

– Vous aviez aussi un fils, dit-elle enfin très doucement.

– Un fils.

Ce n'était pas une question, juste un constat.

– Magnus.

– C'est l'enfant qu'elle a eu avec ce type, pas le mien.

– Vous étiez au courant ? dit Isabel, surprise.

– Elle est venue me voir, expliqua McInnes d'un ton plein de mépris. Quand son fils était tout petit. Je lui ai dit que je ne changerais pas d'avis.

Isabel eut besoin de quelques instants pour digérer cette information. Ainsi Ailsa savait qu'il était vivant. C'était étonnant. Au moins deux personnes étaient dans le secret, sa femme et Mrs Buie. Trois avec Isabel.

McInnes sembla vouloir changer de sujet.

– C'est Flora Buie qui m'a convaincu de vendre ces tableaux. J'étais contre, elle m'a harcelé. Et puis il faut que je subisse une opération qui coûte cher...

– Je suis au courant, dit Isabel. Je pense que cela ne posera pas de problème.

Il la regarda d'un air interrogateur.

– Voilà, expliqua Isabel. Walter Buie a acquis l'un des tableaux et l'autre a été acheté par un collectionneur. Walter Buie sait que le tableau est de votre période, disons, posthume...

Elle n'avait pas pu résister et vit avec plaisir que McInnes souriait.

– Et maintenant il sait que vous êtes vivant. J'ai l'intention de lui racheter le tableau, même si vous êtes encore vivant. Cette transaction n'a donc rien de douteux. Personne n'est trompé. C'est pareil pour le collectionneur qui a acheté l'autre tableau. La galerie va l'informer qu'on a un doute sur son authenticité. Mais vous serez au moins payé pour celui qui est passé aux enchères.

– Grâce à vous ?

– Dans une certaine mesure. Puisque je rachète la toile à Walter, vous en profitez indirectement. De mon côté, je récupère un McInnes dont l'authenticité est garantie. Tout le monde est content.

– D'accord, dit-il en hochant la tête.

– Mais il y a autre chose, poursuivit Isabel. Quelque chose d'important. Le petit garçon, Magnus. C'est votre fils, vous savez.

– Ce n'est pas vrai.

– En tout cas, il vous appelle « papa ». En plus, je crois qu'il est très fier de vous.

McInnes resta parfaitement immobile. Soudain, il mit la main devant ses yeux. Isabel l'entendit sangloter. Elle se leva pour lui passer le bras autour des épaules. Il portait un pull blanc cassé à grosses côtes, en laine rugueuse.

– Il faut que vous le voyiez. C'est votre fils, il vous ressemble.

Il baissa la main qui cachait ses yeux et secoua la tête.

– Mais non.

– Je vous assure, insista Isabel. Il vous ressemble vraiment beaucoup.

Elle observa l'effet que ces mots avaient sur lui. Ce n'était pas facile, mais elle savait maintenant pourquoi elle était venue, et pourquoi elle devait finir ce qu'elle avait commencé.

– Vous avez deux choses à faire, Andrew, murmura-t-elle. D'abord il faut pardonner à Ailsa. Huit ans, c'est suffisant. Il faut lui dire que vous lui avez pardonné ce qu'elle vous a fait. C'est votre devoir, comme à nous tous. Cela peut prendre des formes différentes, mais c'est toujours le même devoir, celui de pardonner les offenses. Et la deuxième chose, c'est d'aller voir votre fils. Ça, c'est un devoir d'amour, Andrew. C'est très simple : un devoir d'amour. Vous comprenez ce que je suis en train de vous dire ?

Elle resta ainsi pendant quelques minutes, le bras autour de ses épaules, observant par la fenêtre un gros nuage qui passait au-dessus du sommet des montagnes. Un stratus bas.

Il fit enfin un signe d'assentiment, presque imperceptible.

Tout cela se passait le mardi. Le mercredi, rien d'important n'arriva, sinon que Grace trouva un billet de dix livres par terre. Elles eurent une longue discussion, qui ne déboucha sur rien de précis, pour décider à partir de quelle somme on doit remettre l'argent trouvé à la police. Isabel suggérait trente livres. Grace, onze. Le jeudi, elle reçut une lettre qui la fit réfléchir, et agir, ainsi qu'un coup de téléphone de Guy Peploe. Enfin, le vendredi soir, le moment de la semaine qu'elle préférait, Jamie put se procurer deux morceaux de flétan, un peu plus gros cette fois, qu'ils mangèrent ensemble dans la cuisine, à la lueur des bougies qui coulaient.

La lettre du jeudi, bien qu'innocente en soi, contenait une nouvelle explosive. C'était la réponse d'un vieil ami de Cambridge qu'Isabel avait pressenti pour rejoindre le nouveau comité de rédaction ; il occupait maintenant une chaire de philosophie à Toronto. Elle lui avait raconté le complot déjoué de Dove, car elle savait qu'il n'avait pas bonne opinion de lui et l'avait un jour traité de charlatan.

> J'ai vu Dove en personne il y a environ cinq mois à Stockholm. Nous assistions tous les deux à une conférence. Les Suédois nous ont merveilleusement accueillis, comme toujours, et la ville était resplendissante en cette fin d'hiver, toute blanche, le port encore gelé ; tout étincelait. J'ai eu la malchance d'être assis à côté de lui à déjeuner et il n'a pas arrêté de parler de lui. Il m'a dit qu'il allait sortir un livre, en laissant entendre que ce serait un événement. Et puis il m'a raconté qu'il était sur le point de divorcer. J'ai eu droit à la liste des forfaits

commis par sa femme. Peut-on la blâmer, Isabel ? Être mariée avec lui, c'est un châtiment sévère.

Isabel avait posé la lettre et resta quelques minutes devant la fenêtre de son bureau, indécise. Même si elle était tentée de ne rien faire, il n'y avait bien sûr pas de doute sur la conduite à tenir. Elle décrocha le téléphone.

– Cat ? Je me suis trompée, je te dois des excuses.

– De quoi parles-tu ? demanda Cat.

– Christopher Dove, dit Isabel rapidement. Il n'est pas marié. Enfin, il est divorcé. J'avais tiré des conclusions trop hâtives.

Il y eut un silence à l'autre bout de la ligne. Un très court silence.

– Aucune importance, déclara Cat. En fait, j'ai rencontré quelqu'un d'autre.

Ce fut au tour d'Isabel de rester muette.

– Il s'appelle Eamonn, il est d'origine irlandaise. Il est adorable, très gentil. Il te plaira.

– J'en suis sûre, dit Isabel qui n'en était pas sûre du tout. Qu'est-ce qu'il fait ?

Cette fois-ci le silence dura plus longtemps.

– Eh bien, pour le moment il est videur dans un bar. Mais il va arrêter et commencer un apprentissage chez un maçon, un type qui s'appelle Clifford Reid, qui a fait des travaux près du magasin. Il est très demandé. C'est comme ça que je l'ai rencontré. Il est venu prendre un café avec Clifford.

Isabel ne sut pas quoi dire. Comme Cat devait servir du fromage à un client, elle coupa court. Isabel se sentait soulagée de la conclusion de l'affaire Dove. Elle avait fait son devoir en avouant ses fautes, mais cela ne faisait pas de différence. S'il fallait s'inquiéter au sujet d'Eamonn, il serait bien temps de le faire plus tard. De toute façon, un ancien videur transformé en maçon, c'était un cran au-dessus de certains postulants passés. Le videur et le maçon doivent faire preuve de qualités, différentes certes, mais également utiles. L'Irlande avait tant donné au monde. Cat devenait-elle plus sage ?

L'appel de Guy avait très bien commencé, mais la conversation buta également sur un silence embarrassé.

– Le propriétaire a été très compréhensif, expliqua Guy. Je lui ai dit que j'avais des raisons de penser que ce tableau n'était pas ce que je croyais au départ. Il a répondu qu'il l'aimait quand même et qu'il voulait le garder. J'ai diminué le prix en conséquence : une toile dans le style d'un artiste, même jolie, ne doit pas coûter aussi cher qu'un original. Il était content, même très content.

– Et la dame qui vous avait envoyé la toile ? Elle est contente ?

– Elle est très soulagée. Elle m'a dit… Mais comment savez-vous que c'était une femme ?

– Vous me l'avez dit, répondit Isabel. Et j'ai rencontré Mrs Buie.

C'est alors que s'installa le silence. Isabel décida de mettre Guy dans la confidence. Il était discret et saurait garder le secret. Il faudrait néanmoins tout lui dire, dans la mesure où il était impliqué.

– Est-ce que je peux vous voir la semaine prochaine ? proposa Isabel. J'ai une histoire longue et compliquée à vous raconter. Mais il faut me promettre de n'en souffler mot à personne, absolument personne.

– Vous avez ma parole, répondit Guy. Mais vous ne pouvez pas m'en dire un peu plus ?

– C'est une histoire de remous, dit Isabel en riant, et aussi de bizarrerie humaine.

Maintenant, attablée avec Jamie, dégustant le vin australien frappé qu'il avait apporté pour accompagner les portions de flétan un peu plus généreuses, Isabel lui raconta les événements de la semaine. Celui-ci écouta attentivement, de plus en plus stupéfait.

– Alors Mrs Buie s'en tire impunément ? lança-t-il à la fin. Et McInnes continue de faire comme si le petit garçon n'existait pas ? Comme conclusion, ce n'est pas très satisfaisant.

– Mrs Buie n'a rien fait d'illégal. Elle a vendu deux McInnes peints par McInnes. Il n'y a rien à dire. J'ai l'impression qu'elle n'est pas près de recommencer.

– Je ne trouve pas ça normal, dit Jamie en fronçant les sourcils. Elle a mis en vente deux tableaux censés avoir été peints par un artiste disparu. Puisqu'il n'est pas mort, un avocat dirait qu'il s'agit d'une déclaration mensongère, ou quelque chose du même acabit.

– C'est un peu subtil, dit Isabel.

– Tu trouves ? explosa Jamie. Tu es mal placée pour m'accuser d'être trop subtil.

Toutefois il souriait, l'air amusé.

– Ce qui me chagrine davantage, c'est que McInnes a refusé de voir son fils. C'est ça la tragédie. Tu as vraiment réussi à le persuader ?

– Je crois, dit Isabel. En fait, j'en suis sûre.

Elle fixa Jamie d'un air de défi. Allait-il l'accuser de se mêler des affaires des autres ? Au contraire, il lui sourit.

– Alors c'est très bien.

Il pensait à son propre fils : comment peut-on priver un enfant d'amour ?

– Tu dirais donc que, somme toute, j'ai bien fait d'intervenir ?

Jamie hésita. Il fallait qu'elle arrête de se mêler des affaires des autres ; cela, il en était persuadé. Pourtant, compte tenu des événements, il aurait mauvaise grâce à nier les effets bénéfiques de son intervention.

– Pour cette fois, tu as fait ce qu'il fallait faire, se contenta-t-il de dire.

– Merci. Le plus curieux, c'est que je m'en suis rendue compte seulement après être passée à l'acte.

Ils finirent de dîner. Plus tard, avant de s'endormir, dans la chambre où un rayon de lune entrait par la fente des rideaux, ils entendirent un glapissement.

– C'est maître Goupil, chuchota Isabel. Il est là, dehors.

Jamie se souvint d'une chanson : *Prier la lune qu'elle nous donne sa clarté.* Maître Goupil priait-il la lune ? Isabel pensait que oui.

Jamie se leva pour aller regarder par la fenêtre qui donnait sur la pelouse. Elle le voyait nu, devant elle, sentant le prix de ce qu'il lui donnait, un don de beauté.

Il revint se coucher.

– Il reste dans l'ombre, mais c'est bien lui, en train de prier la lune.

Il lui prit doucement la main.

– Tu m'avais promis quelque chose. Tu m'avais promis que tu me raconterais une histoire d'homme tatoué. Tu n'as pas oublié ?

– Tu crois ? dit-elle, sentant le sommeil l'envahir.

– Je t'assure, murmura-t-il.

– D'accord. Une histoire d'homme tatoué.

Elle chuchota le petit poème à son oreille :

> L'homme tatoué
> Qui aimait sa femme, la femme tatouée,
> Et était fier de son fils, le bébé tatoué.

Elle s'arrêta et l'écouta respirer.

– C'est tout ?

– Certaines histoires sont très courtes, dit-elle doucement, parce qu'elles ont dit tout ce qu'il y avait à dire.

Dans le silence de la chambre il médita ce qu'il venait d'entendre. Elle avait raison.

– Merci pour l'histoire, je l'aime beaucoup.

Isabel ferma les yeux. Il y a un océan d'amour, pensa-t-elle, et nous sommes dedans.

Du même auteur
aux Éditions 10/18

La femme qui épousa un lion, n° 3877

« Les chroniques d'Édimbourg »

44 Scotland Street, n° 4137
Édimbourg Express, n° 4235
L'amour en kilt

« Les enquêtes de Mma Ramotswe »

Mma Ramotswe détective, n° 3573
Les larmes de la girafe, n° 3574
Vague à l'âme au Botswana, n° 3637
La vie comme elle va, n° 3688
Les mots perdus du Kalahari, n° 3718
En charmante compagnie, n° 3820
1 Cobra, 2 souliers et beaucoup d'ennuis, n° 3975
Le bon mari de Zebra Drive, n° 4097
Miracle à Speedy Motors, n° 4226

« Les enquêtes d'Isabel Dalhousie »

Le club des philosophes amateurs, n° 3931
Amis, amants, chocolat, n° 4062
Une question d'attitude, n° 4159
▶ Le bon usage des compliments, n° 4271

Impression réalisée par

CPI

Brodard & Taupin

La Flèche (Sarthe), 54393

Dépôt légal : octobre 2009
N° d'édition : 4208

Imprimé en France

RÉMANENCE :

“Persistance partielle d'un phénomène après disparition de sa cause.”